빠르고 정확하게 쓰기 위한

악필 볼펜글씨
교정 기억법

한국두뇌개발교육원 **손 동 조** 원장 지음

 성안당

Foreign Copyright:
Joonwon Lee
Address: 10, Simhaksan-ro, Seopae-dong, Paju-si, Kyunggi-do,
Korea
Telephone: 82-2-3142-4151
E-mail: jwlee@cyber.co.kr

빠르고 정확하게 쓰기 위한

악필 볼펜글씨
교정 기억법

2014. 11. 10. 1판 1쇄 발행
2015. 3. 10. 1판 2쇄 발행
2016. 1. 12. 1판 3쇄 발행
2019. 6. 24. 1판 4쇄 발행

지은이 | 손동조
펴낸이 | 이종춘
펴낸곳 | BM (주)도서출판 성안당

주소 | 04032 서울시 마포구 양화로 127 첨단빌딩 3층(출판기획 R&D 센터)
    | 10881 경기도 파주시 문발로 112 출판문화정보산업단지(제작 및 물류)
전화 | 02) 3142-0036
    | 031) 950-6300
팩스 | 031) 955-0510
등록 | 1973. 2. 1. 제406-2005-000046호
출판사 홈페이지 | www.cyber.co.kr
ISBN | 978-89-315-8814-9 (13710)
정가 | 13,000원

이 책을 만든 사람들
책임 | 최옥현
진행 | 정지현
본문 디자인 | 김인환
표지 디자인 | 박원석
홍보 | 김계향, 정가현
국제부 | 이선민, 조혜란, 김혜숙
마케팅 | 구본철, 차정욱, 나진호, 이동후, 강호묵
제작 | 김유석

■ 도서 A/S 안내

성안당에서 발행하는 모든 도서는 저자와 출판사, 그리고 독자가 함께 만들어 나갑니다.
좋은 책을 펴내기 위해 많은 노력을 기울이고 있습니다. 혹시라도 내용상의 오류나 오탈자 등이
발견되면 "좋은 책은 나라의 보배"로서 우리 모두가 함께 만들어 간다는 마음으로 연락주시기
바랍니다. 수정 보완하여 더 나은 책이 되도록 최선을 다하겠습니다.
성안당은 늘 독자 여러분들의 소중한 의견을 기다리고 있습니다. 좋은 의견을 보내주시는 분께는
성안당 쇼핑몰의 포인트(3,000포인트)를 적립해 드립니다.
잘못 만들어진 책이나 부록 등이 파손된 경우에는 교환해 드립니다.

머리말

이 책은 대한민국 헌법 1조~130조까지 연상기억 하면서 글씨교정을 할 수 있게 만든 것이 특징이다. 기억법의 글자 공식으로 헌법의 조항과 그 내용을 키워드로 기억할 수 있다.

논술체는 예쁘게 천천히 쓰는 것이 아니라 빨리 쓰면서 글씨를 알아볼 수 있도록 정확하게 쓰는 것이 중요하다. 논술시험을 준비하는 수험생 및 대학생은 글쓰기에 대비하여 미리미리 글씨쓰기 연습을 해야 한다. 시험시간에 쫓기지 않기 위해서는 '빠르고 정확하게 1초 내 한 자씩 연결하여 쓰기 연습'이 중요하다.

논술시험의 답안을 다 알고도 시간에 쫓겨 허둥지둥 글씨를 쓰면 악필이 되고, 점수에 불이익을 볼 수 있다. 수험생이 같은 수준의 답안 작성을 했다면 누구든 글씨를 정확하게 알아볼 수 있도록 쓴 수험생에게 더 좋은 점수를 주게 마련이다. 논술 답안 작성자가 악필이라면 읽기조차 힘들어 채점관은 곤욕을 치르게 될 것이다.

그렇게 되면 그동안 열심히 공부한 것이 모두 수포로 돌아갈 수 있다. 따라서 기본 선긋기부터 시작하여 글씨를 빠르고 정확하게 쓰는 연습을 해야 하고 문장 이어 쓰기 연습으로 연결해 나가야 한다.

글자의 크기를 일정하게 하면서 굴곡이 없이 수평을 맞추어 글씨를 써 나가면 바른 글자체로 변하게 된다. 정렬된 글자는 글의 내용이 한 눈에 들어와 정확하고 빠르게 문장을 파악할 수 있게 한다. 수험생은 논술 답안지에 글씨를 정확하고 바르게 써서 좋은 평가를 받도록 노력해야 한다.

이 책은 논술시험을 앞둔 여러분이 짧은 시간 안에 빠르고 정확한 글씨쓰기 능력을 습득할 수 있도록 안내할 것이다.

이 책으로 볼펜 글씨 쓰기를 연습하여 합격의 영광을 누리기를 기원한다.

저자 손 동 조

차 례

볼펜 잡는 방법과 글씨 쓰기의 바른 자세

볼펜은 아래 심으로부터 약 2.5cm 정도 위를 손가락으로 쥔다. 엄지와 검지는 V자 형태로 마주잡고, 중지로는 펜 아래쪽을 가볍게 받친다.

펜의 각도는 책상으로부터 약 60° 되게 하는 것이 가장 좋다.

글씨를 쓸 때에는 글자의 크기를 일정하게 써야 하며 글자의 간격을 잘 맞추고 수평을 유지하여 빠르게 써나간다.

책상과 몸의 자세를 바르게 하고, 쓰고자 하는 노트의 각을 좌측으로 약간 기울인 상태에서, 펜을 우측 가슴 위치에 두고 글씨를 쓰면 자연스럽고 멋진 필체가 나온다.

책상에 앉아서 글을 쓸 때에는 상체를 약 15° 정도 숙인 상태에서 양손을 책상 위에 가지런히 올려놓고 쓰는 것이 가장 이상적인 볼펜 필기법이다.

[볼펜 글씨 쓰기의 바른 자세]

왼손은 가볍게 노트 위로 올려 필기 시 노트가 움직이지 않게 한다.

볼펜 글씨 악필 모음

▶ 자음과 모음의 크기가 다르고 균형이 맞지 않은 들쑥날쑥 형
▶ 세로와 가로의 선이 일정하지 않은 천방지축 형
▶ 글자 쓰기의 기본 연습이 부족하여 성의 없이 쓰는 무성의 형
▶ 글자의 크기가 일정하지 않고 글자가 상하로 움직이는 파도물결 형
▶ 글자의 간격이 일정하지 않고 띄어쓰기를 하지 않아 글의 두서가 없는 마음대로 형
▶ 기초 선 긋기부터 다시 연습해야 하는 난필 형

[악필 글씨 모음]

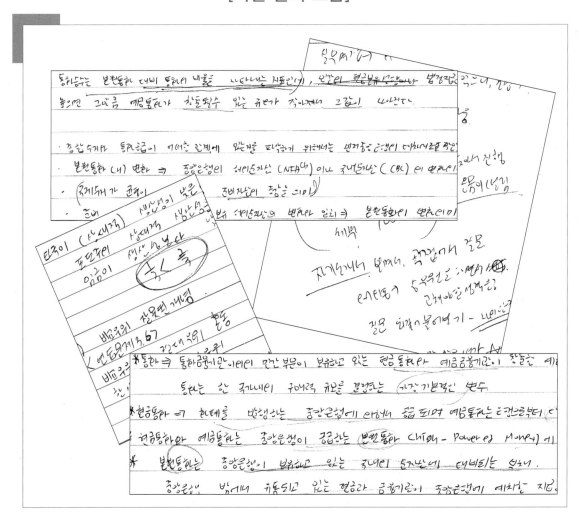

기본 선, 숫자,
글자 연습

제1부

기본 선 긋기 5가지 연습하기[1]

♣ 아래 긋기 선을 따라 볼펜으로 색칠하듯 빠르게 그어 보세요.

[가로 긋기] ㄱ　　　[세로 긋기] ㅣ　　　[시옷 긋기] ㅅ　　　[지읒 긋기] ㅈ　　　[이응 긋기] ㅇ

[가로 긋기] ㄱ　　　[세로 긋기] ㅣ　　　[시옷 긋기] ㅅ　　　[지읒 긋기] ㅈ　　　[이응 긋기] ㅇ

[가로 긋기] ㄱ　　　[세로 긋기] ㅣ　　　[시옷 긋기] ㅅ　　　[지읒 긋기] ㅈ　　　[이응 긋기] ㅇ

기본 선 긋기 5가지 연습하기[2]

♣ 아래 긋기 선을 따라 볼펜으로 색칠하듯 빠르게 그어 보세요.

[가로 긋기] ㄱ　　[세로 긋기] ㅣ　　[시옷 긋기] ㅅ　　[지읒 긋기] ㅈ　　[이응 긋기] ○

[가로 긋기] ㄱ　　[세로 긋기] ㅣ　　[시옷 긋기] ㅅ　　[지읒 긋기] ㅈ　　[이응 긋기] ○

[가로 긋기] ㄱ　　[세로 긋기] ㅣ　　[시옷 긋기] ㅅ　　[지읒 긋기] ㅈ　　[이응 긋기] ○

기본 선 긋기 5가지 연습하기[3]

♣ 아래 긋기 선을 따라 볼펜으로 색칠하듯 빠르게 그어 보세요.

[가로 긋기] ㄱ   [세로 긋기] ㅣ   [시옷 긋기] ㅅ   [지읒 긋기] ㅈ   [이응 긋기] ㅇ

[가로 긋기] ㄱ   [세로 긋기] ㅣ   [시옷 긋기] ㅅ   [지읒 긋기] ㅈ   [이응 긋기] ㅇ

[가로 긋기] ㄱ   [세로 긋기] ㅣ   [시옷 긋기] ㅅ   [지읒 긋기] ㅈ   [이응 긋기] ㅇ

기본 선 긋기 5가지 연습하기[4]

♣ 아래 긋기 선을 따라 볼펜으로 색칠하듯 빠르게 그어 보세요.

[가로 긋기] ㄱ   [세로 긋기] ㅣ   [시옷 긋기] ㅅ   [지읒 긋기] ㅈ   [이응 긋기] ㅇ

[가로 긋기] ㄱ   [세로 긋기] ㅣ   [시옷 긋기] ㅅ   [지읒 긋기] ㅈ   [이응 긋기] ㅇ

[가로 긋기] ㄱ   [세로 긋기] ㅣ   [시옷 긋기] ㅅ   [지읒 긋기] ㅈ   [이응 긋기] ㅇ

기본 선 긋기 5가지 연습하기[5]

♣ 아래 긋기 선을 따라 볼펜으로 색칠하듯 빠르게 그어 보세요.

[가로 긋기] ㄱ   [세로 긋기] ㅣ   [시옷 긋기] ㅅ   [지읒 긋기] ㅈ   [이응 긋기] ㅇ

[가로 긋기] ㄱ   [세로 긋기] ㅣ   [시옷 긋기] ㅅ   [지읒 긋기] ㅈ   [이응 긋기] ㅇ

[가로 긋기] ㄱ   [세로 긋기] ㅣ   [시옷 긋기] ㅅ   [지읒 긋기] ㅈ   [이응 긋기] ㅇ

필기 선 5가지 연속 이어 긋기 연습[1]

♣ 아래 긋기 선을 따라 볼펜으로 색칠하듯 빠르게 그어 보세요.

[좌·상 연결] ㄱ   [상·하 연결] ㅣ   [좌·하 연결] ㅅ   [시옷 연결] ㅈ   [이응 연결] ㅇ

[좌·상 연결] ㄱ   [상·하 연결] ㅣ   [좌·하 연결] ㅅ   [시옷 연결] ㅈ   [이응 연결] ㅇ

[좌·상 연결] ㄱ   [상·하 연결] ㅣ   [좌·하 연결] ㅅ   [시옷 연결] ㅈ   [이응 연결] ㅇ

필기 선 5가지 연속 이어 긋기 연습[2]

♣ 아래 긋기 선을 따라 볼펜으로 색칠하듯 빠르게 그어 보세요.

[좌·상 연결]ㄱ   [상·하 연결]ㅣ   [좌·하 연결]ㅅ   [시옷 연결]ㅈ   [이응 연결]ㅇ

[좌·상 연결]ㄱ   [상·하 연결]ㅣ   [좌·하 연결]ㅅ   [시옷 연결]ㅈ   [이응 연결]ㅇ

[좌·상 연결]ㄱ   [상·하 연결]ㅣ   [좌·하 연결]ㅅ   [시옷 연결]ㅈ   [이응 연결]ㅇ

필기 선 5가지 연속 이어 긋기 연습[3]

♣ 아래 긋기 선을 따라 볼펜으로 색칠하듯 빠르게 그어 보세요.

[좌·상 연결]ㄱ　　[상·하 연결]ㅣ　　[좌·하 연결]ㅅ　　[시옷 연결]ㅈ　　[이응 연결]ㅇ

[좌·상 연결]ㄱ　　[상·하 연결]ㅣ　　[좌·하 연결]ㅅ　　[시옷 연결]ㅈ　　[이응 연결]ㅇ

[좌·상 연결]ㄱ　　[상·하 연결]ㅣ　　[좌·하 연결]ㅅ　　[시옷 연결]ㅈ　　[이응 연결]ㅇ

필기 선 5가지 연속 이어 긋기 연습[4]

♣ 아래 긋기 선을 따라 볼펜으로 색칠하듯 빠르게 그어 보세요.

[좌·상 연결]ㄱ　　[상·하 연결]ㅣ　　[좌·하 연결]人　　[시옷 연결]ㅈ　　[이응 연결]ㅇ

[좌·상 연결]ㄱ　　[상·하 연결]ㅣ　　[좌·하 연결]人　　[시옷 연결]ㅈ　　[이응 연결]ㅇ

[좌·상 연결]ㄱ　　[상·하 연결]ㅣ　　[좌·하 연결]人　　[시옷 연결]ㅈ　　[이응 연결]ㅇ

필기 선 5가지 연속 이어 긋기 연습[5]

♣ 아래 긋기 선을 따라 볼펜으로 색칠하듯 빠르게 그어 보세요.

[좌·상 연결]ㄱ　　[상·하 연결]ㅣ　　[좌·하 연결]ㅅ　　[시옷 연결]ㅈ　　[이응 연결]ㅇ

[좌·상 연결]ㄱ　　[상·하 연결]ㅣ　　[좌·하 연결]ㅅ　　[시옷 연결]ㅈ　　[이응 연결]ㅇ

[좌·상 연결]ㄱ　　[상·하 연결]ㅣ　　[좌·하 연결]ㅅ　　[시옷 연결]ㅈ　　[이응 연결]ㅇ

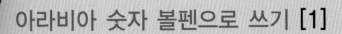
✿ 아래 숫자 선을 따라 빠르고 정확하게 볼펜으로 써 보세요.

1	/	/	/	/	/	/	/	/	/

2	2	2	2	2	2	2	2	2	2

3	3	3	3	3	3	3	3	3	3

4	4	4	4	4	4	4	4	4	4

5	5	5	5	5	5	5	5	5	5

❀ 아래 숫자 선을 따라 빠르고 정확하게 볼펜으로 써 보세요.

6	6	6	6	6	6	6	6	6

7	7	7	7	7	7	7	7	7

8	8	8	8	8	8	8	8	8

9	9	9	9	9	9	9	9	9

0	0	0	0	0	0	0	0	0

[자음 ㄱ]의 [가, 고]자 글자 선 따라 쓰기[1]

♠ 아래 글자의 선을 따라 볼펜으로 빠르고 바르게 써 보세요.

1. [기역 ㄱ]자 연필로 쓰기 연습 (1차)

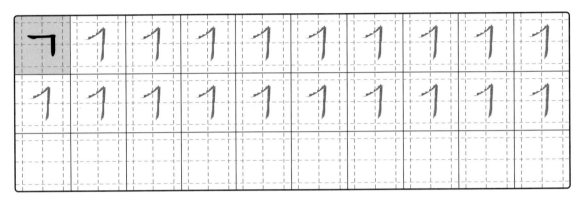

2. [기역 ㄱ : 가]자 연필로 쓰기 연습 (2차)

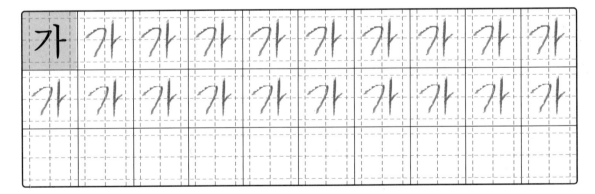

3. [기역 ㄱ : 고]자 연필로 쓰기 연습 (3차)

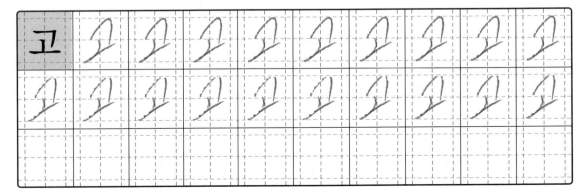

♠ 아래 글자의 선을 따라 볼펜으로 빠르고 바르게 써 보세요.

4. [니은 ㄴ]자 연필로 쓰기 연습 (1차)

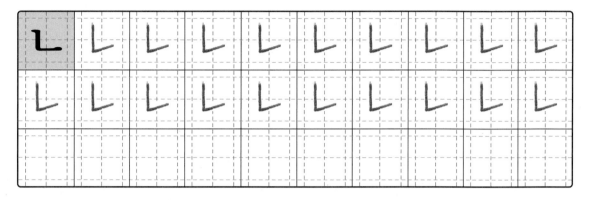

5. [니은 ㄴ : 나]자 연필로 쓰기 연습 (2차)

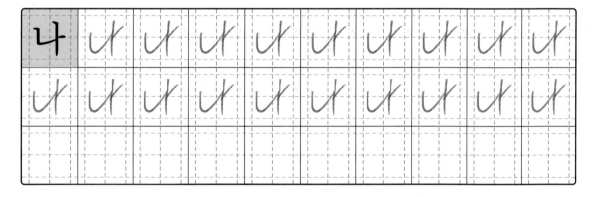

6. [니은 ㄴ : 노]자 연필로 쓰기 연습 (3차)

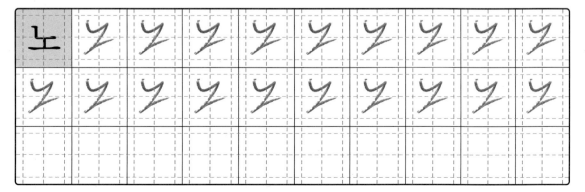

[자음 ㄷ]의 [다, 도]자 글자 선 따라 쓰기[3]

♠ 아래 글자의 선을 따라 볼펜으로 빠르고 바르게 써 보세요.

7. [디귿 ㄷ]자 연필로 쓰기 연습 (1차)

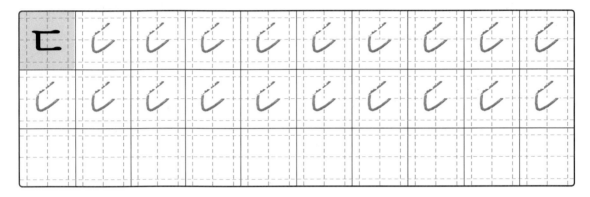

8. [디귿 ㄷ : 다]자 연필로 쓰기 연습 (2차)

9. [디귿 ㄷ : 도]자 연필로 쓰기 연습 (3차)

[자음 ㄹ]의 [라, 로]자 글자 선 따라 쓰기[4]

♠ 아래 글자의 선을 따라 볼펜으로 빠르고 바르게 써 보세요.

10. [리을 ㄹ]자 연필로 쓰기 연습 (1차)

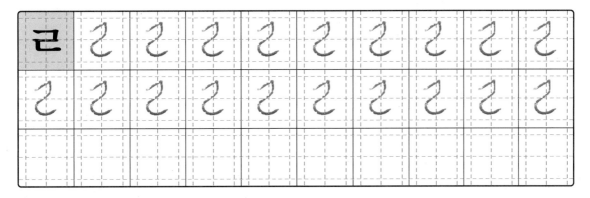

11. [리을 ㄹ : 라]자 연필로 쓰기 연습 (2차)

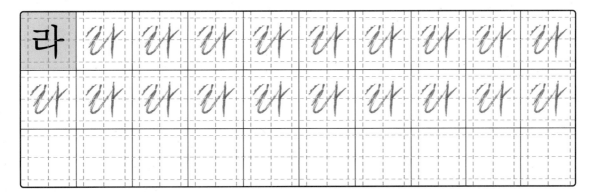

12. [리을 ㄹ : 로]자 연필로 쓰기 연습 (3차)

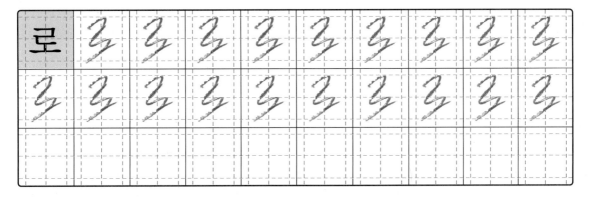

[자음 ㅁ]의 [마, 모]자 글자 선 따라 쓰기[5]

♠ 아래 글자의 선을 따라 볼펜으로 빠르고 바르게 써 보세요.

13. [미음 ㅁ]자 연필로 쓰기 연습 (1차)

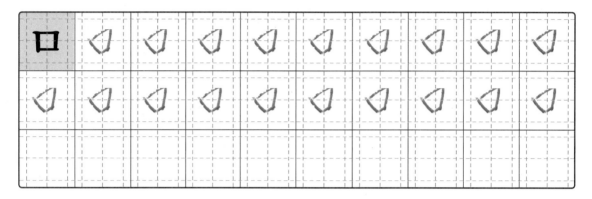

14. [미음 ㅁ : 마]자 연필로 쓰기 연습 (2차)

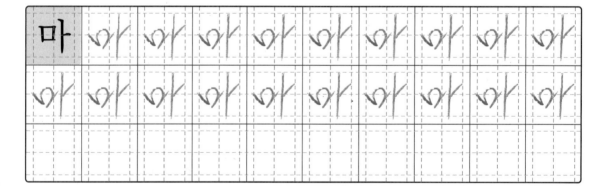

15. [미음 ㅁ : 모]자 연필로 쓰기 연습 (3차)

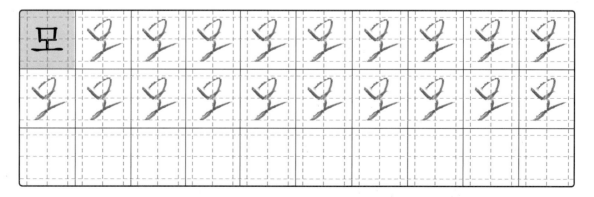

[자음 ㅂ]의 [바, 보]자 글자 선 따라 쓰기[6]

♠ 아래 글자의 선을 따라 볼펜으로 빠르고 바르게 써 보세요.

16. [비읍 ㅂ]자 연필로 쓰기 연습 (1차)

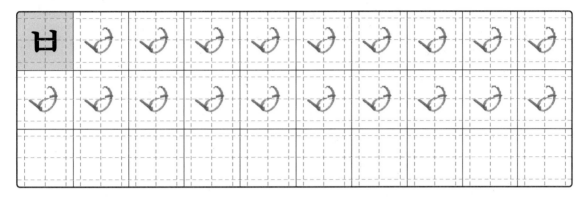

17. [비읍 ㅂ : 바]자 연필로 쓰기 연습 (2차)

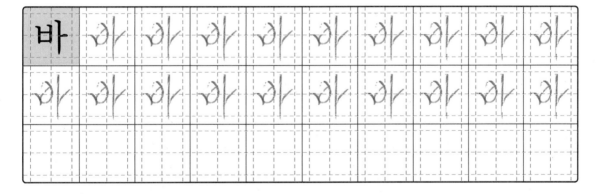

18. [비읍 ㅂ : 보]자 연필로 쓰기 연습 (3차)

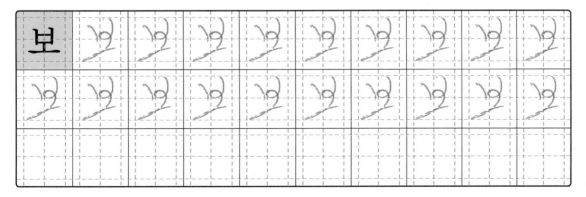

[자음 ㅅ]의 [사, 소]자 글자 선 따라 쓰기[7]

♠ 아래 글자의 선을 따라 볼펜으로 빠르고 바르게 써 보세요.

19. [시옷 ㅅ]자 연필로 쓰기 연습 (1차)

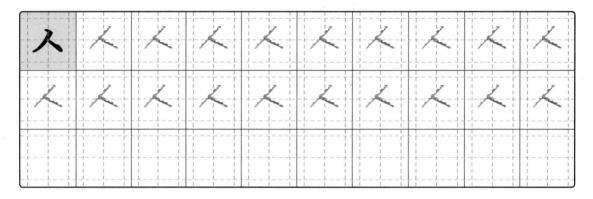

20. [시옷 ㅅ : 사]자 연필로 쓰기 연습 (2차)

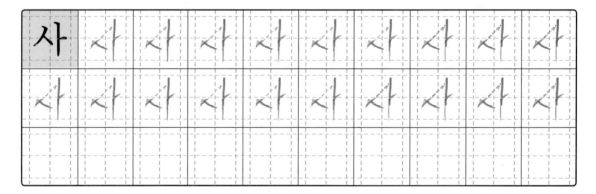

21. [시옷 ㅅ : 소]자 연필로 쓰기 연습 (3차)

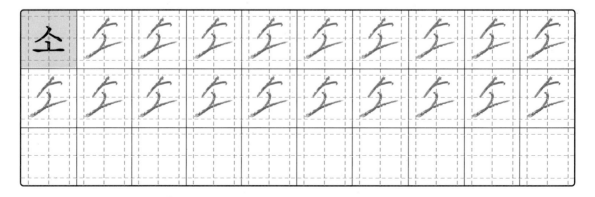

[자음 ㅇ]의 [아, 오]자 글자 선 따라 쓰기[8]

♠ 아래 글자의 선을 따라 볼펜으로 빠르고 바르게 써 보세요.

22. [이응 ㅇ]자 연필로 쓰기 연습 (1차)

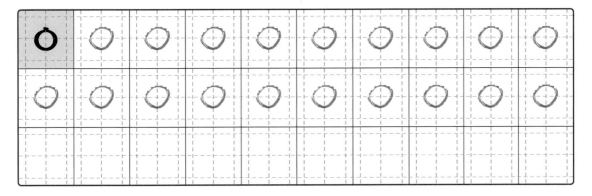

23. [이응 ㅇ : 아]자 연필로 쓰기 연습 (2차)

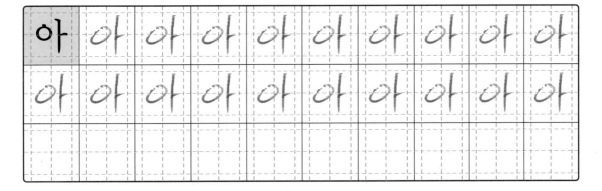

24. [이응 ㅇ : 오]자 연필로 쓰기 연습 (3차)

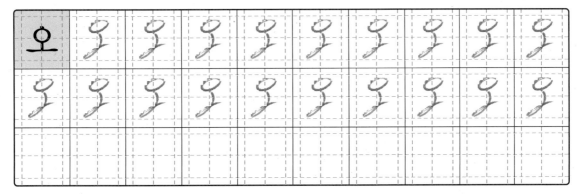

[자음 ㅈ]의 [자, 조]자 글자 선 따라 쓰기[9]

♠ 아래 글자의 선을 따라 볼펜으로 빠르고 바르게 써 보세요.

25. [지읒 ㅈ]자 연필로 쓰기 연습 (1차)

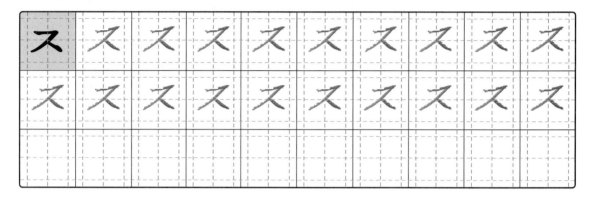

26. [지읒 ㅈ : 자]자 연필로 쓰기 연습 (2차)

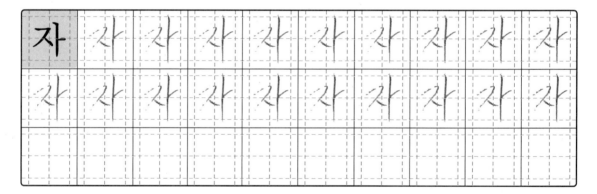

27. [지읒 ㅈ : 조]자 연필로 쓰기 연습 (3차)

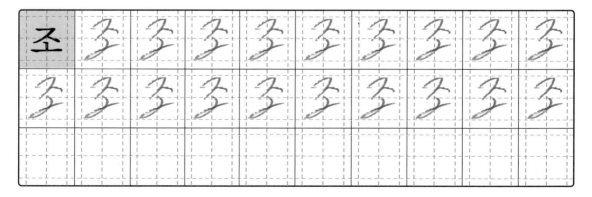

[자음 ㅊ]의 [차, 초]자 글자 선 따라 쓰기[10]

♠ 아래 글자의 선을 따라 볼펜으로 빠르고 바르게 써 보세요.

28. [치읓 ㅊ]자 연필로 쓰기 연습 (1차)

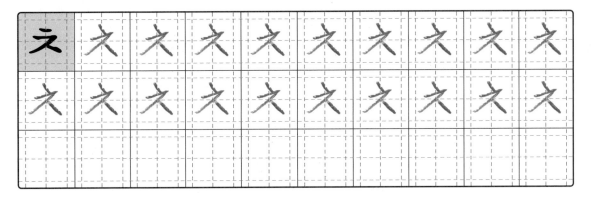

29. [치읓 ㅊ : 차]자 연필로 쓰기 연습 (2차)

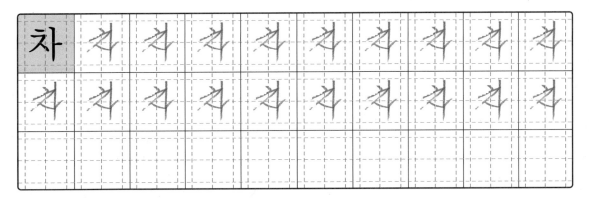

30. [치읓 ㅊ : 초]자 연필로 쓰기 연습 (3차)

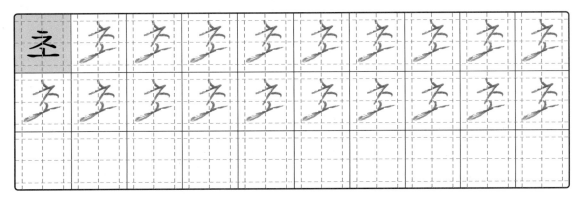

[자음 ㅋ]의 [카, 코]자 글자 선 따라 쓰기[11]

♠ 아래 글자의 선을 따라 볼펜으로 빠르고 바르게 써 보세요.

31. [키읔 ㅋ]자 연필로 쓰기 연습 (1차)

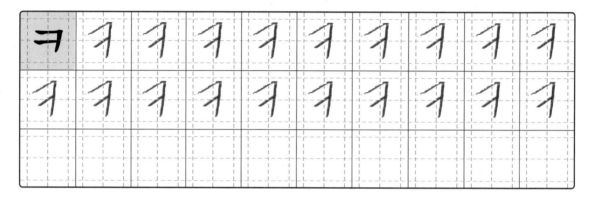

32. [키읔 ㅋ : 카]자 연필로 쓰기 연습 (2차)

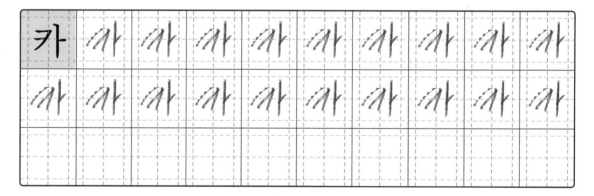

33. [키읔 ㅋ : 코]자 연필로 쓰기 연습 (3차)

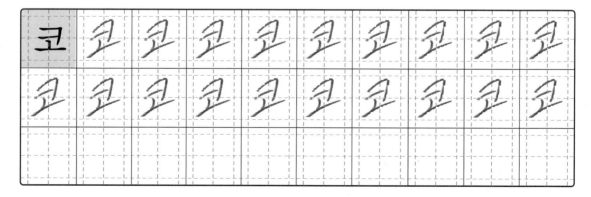

[자음 ㅌ]의 [타, 토]자 글자 선 따라 쓰기[12]

♠ 아래 글자의 선을 따라 볼펜으로 빠르고 바르게 써 보세요.

34. [티읕 ㅌ]자 연필로 쓰기 연습 (1차)

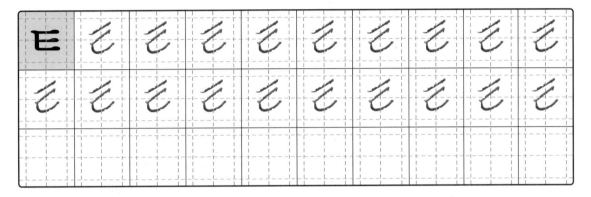

35. [티읕 ㅌ : 타]자 연필로 쓰기 연습 (2차)

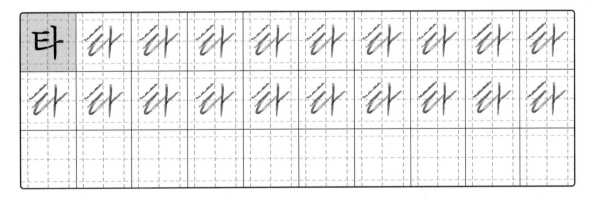

36. [티읕 ㅌ : 토]자 연필로 쓰기 연습 (3차)

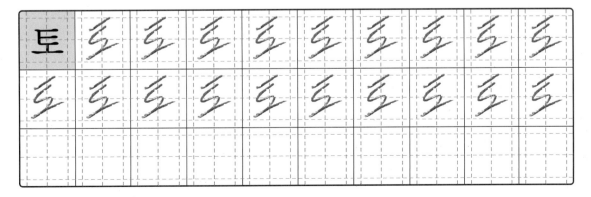

♠ 아래 글자의 선을 따라 볼펜으로 빠르고 바르게 써 보세요.

37. [피읖 ㅍ]자 연필로 쓰기 연습 (1차)

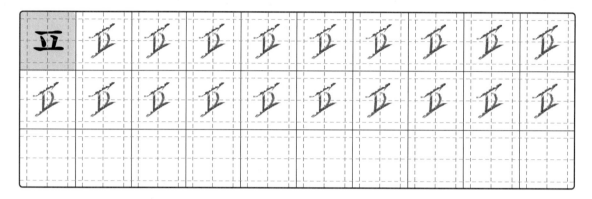

38. [피읖 ㅍ : 파]자 연필로 쓰기 연습 (2차)

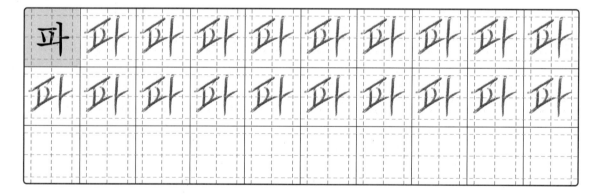

39. [피읖 ㅍ : 포]자 연필로 쓰기 연습 (3차)

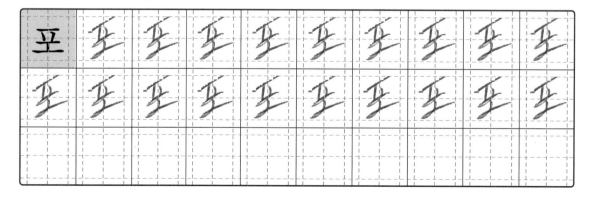

[자음 ㅎ]의 [하, 호]자 글자 선 따라 쓰기[14]

♠ 아래 글자의 선을 따라 볼펜으로 빠르고 바르게 써 보세요.

40. [히읗 ㅎ]자 연필로 쓰기 연습 (1차)

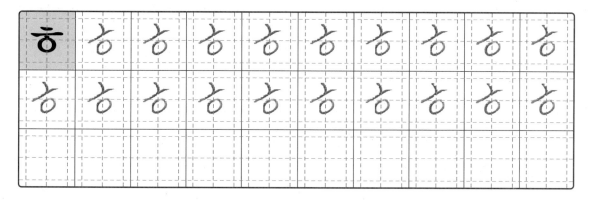

41. [히읗 ㅎ : 하]자 연필로 쓰기 연습 (2차)

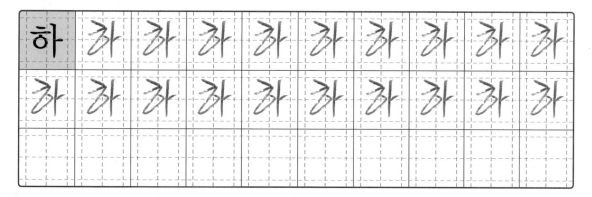

42. [히읗 ㅎ : 호]자 연필로 쓰기 연습 (3차)

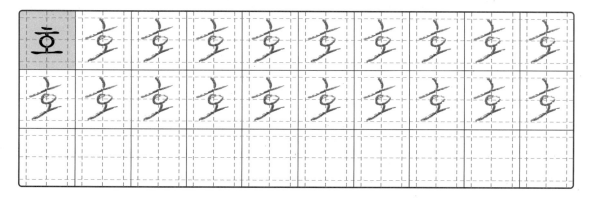

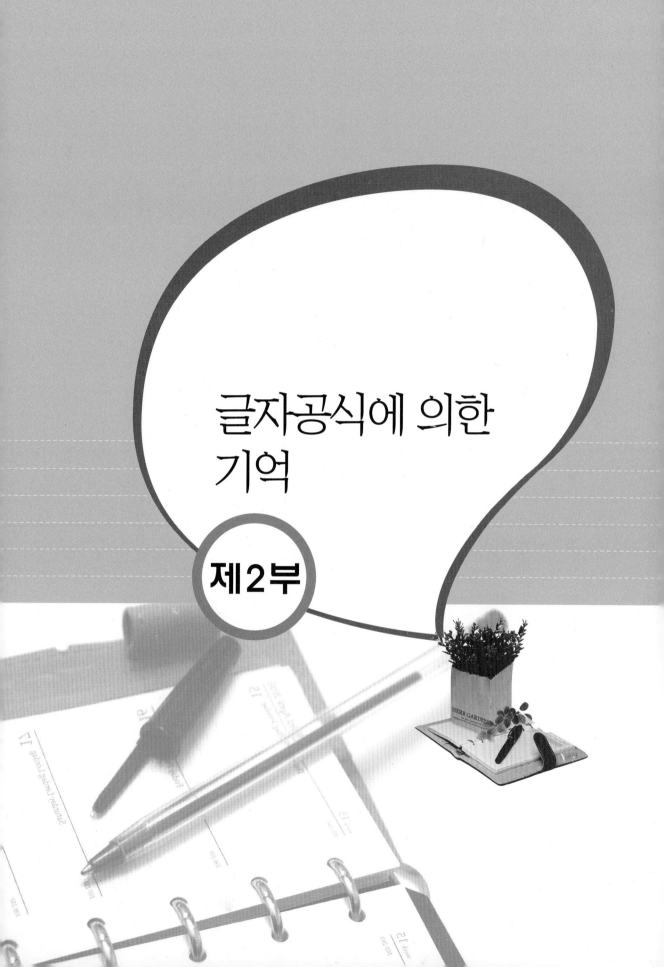

글자공식에 의한
기억

제2부

글자 공식에 의한 기억 해설

10단위 숫자 가나다 글자 공식을 빨리 기억하기 위해서는 3개씩 끊어서 기억하면 쉽게 빨리 기억할 수 있다.

10, 20, 30은 (가,나,다)로 기억하고 40, 50, 60은 동물원에서 (하마)를 봐(바)로 기억한다. 그러면 보다 쉽게 연상되어 숫자가 떠오르게 된다.

다음은 70, 80, 90이다. 이것도 동물원에 사자를 연상하여 기억하면 된다.

사자의 발음을 길게 하여 (사~아~자)로 쉽게 기억할 수가 있다.

1단위 앞쪽의 1, 2, 3, 4는 ㄱ, ㄴ, ㄷ, ㄹ로 쉽게 기억할 수 있다. 그리고 뒤쪽의 숫자 9, 0은 ㅈ, ㅊ으로 기억하면 쉽다.

나머지 가운데 숫자 5, 6, 7, 8은 숫자와 자음을 연상 결합하여 기억하면 된다.

5자의 ㅁ을 기억하기 위해서는 네모 안에 번호 5자가 들어 있다고 보면 되고, ㅂ은 6자와 비슷하게 흘려서 쓰면 된다. 그리고 7자의 ㅅ자도 흘려서 써서 기억하면 된다. ㅇ자 역시 도형을 겹쳐서 올려놓으면 8자 모양이 되므로 이것 또한 쉽게 기억할 수 있다.

이러한 방법으로 기억하면 10단위, 1단위 숫자로 연결된 한글 자음과 숫자를 모두 기억할 수 있게 된다.

가나다 숫자 공식표

[숫자를 글자로 만들기]

[10 단위 숫자] 가~자까지 기억하기

10	20	30	/	40	50	60	/	70	80	90
가	나	다	/	하	마	바	/	사	아	자

[1 단위 숫자] ㄱ~ㅊ까지 기억하기

1	2	3	4	/	5	6	7	8	/	9	0
ㄱ	ㄴ	ㄷ	ㄹ	/	ㅁ	ㅂ	ㅅ	ㅇ	/	ㅈ	ㅊ
ㅋ		ㅌ	ㅎ	/		ㅍ			/		

** 공동으로 사용하는 숫자의 자음

1 : ㄱ, ㄲ, ㅋ　　3 : ㄷ, ㄸ, ㅌ　　4 : ㄹ, ㅎ　　6 : ㅂ, ㅃ, ㅍ　　7 : ㅅ, ㅆ　　9 : ㅈ, ㅉ
을 같은 숫자로 사용한다.

[숫자 10단위 합성된 글자의 예]

10=가치	21=낙후	32=돈	43=해도	58=망하기
66=법	71=사고 시	88=왕	97=조사	110=객차

[숫자 100단위 낱말 글자의 예]

113=국도	121=군기	125=군모	128=군이	130=기타 침

※ 위 글자 공식은 헌법 조항 및 키워드를 기억하기 위해 만든 숫자공식표이다.
　어떤 숫자 든 꼭 기억하고 싶다면 글자를 직접 만들어 연상 결합하면 내용과 함께 쉽게 기억할 수 있다.

글자 낱말 키워드 연상 기억하기

1단위 : 한글 유음 일~구 숫자 낱말 [1조~9조]

	[1]	2	3	4	5	6	7	8	9
총강	제일	이국민	삼면바다	사력	오래	유효	친절	파당	구습

10단위 : ㄱ행 ㅊ~ㅈ 숫자 낱말 [10조~19조]

	[10]	11	12	13	14	15	16	17	18	19
국민권리의무	가치	국민	간절히	거듭	갈테면	감사	과부	가수	공중파	가족

20단위 : ㄴ행 ㅊ~ㅈ 숫자 낱말 [20조~29조]

20	21	22	23	24	25	26	27	28	29
노처녀	낙후	논리적	노다지	나라	남녀	납득	나서라	낭비	노조

글자 낱말 키워드 연상 기억하기

30단위 : ㄷ행 ㅊ~ㅈ 숫자 낱말 [30조~39조]

30	31	32	33	34	35	36	37	38	39
다	똑	돈	되	달	담	돕	뜻	당	대
치	똑		도	동	배	다		연	장
다	한		록	네				히	

40단위 : ㅎ행 ㅊ~ㅈ 숫자 낱말 [40조~49조]

[40] 국회	41	42	43	44	45	46	47	48	49
회	학	한	해	활	함	협	횟	호	하
칙	식	정	도	동	부	박	수	의	자
				중	로	해			
						도			

50단위 : ㅁ행 ㅊ~ㅈ 숫자 낱말 [50조~59조]

50	51	52	53	54	55	56	57	58	59
모	막	만	모	말	맘	미	못	망	맞
체	내	들	두	기	대	비	설	하	추
에	릴	어	에	전	로	할	치	기	어
서	때	서	게	에	지	때		전	
공	까	제	공		출				
개	지	출	포		무				

글자 낱말 키워드 연상 기억하기

60단위 : ㅂ행 ㅊ~ㅈ 숫자 낱말 [60조~69조]

60	61	62	63	64	65	[66]	67	68	69
배치후	북풍사건	반드시출석	받으면해임	발동	범죄시탄핵소추	대통령 법에의한국가원수	보수적인사람	방법을모색	보좌관

70단위 : ㅅ행 ㅊ~ㅈ 숫자 낱말 [70조~79조]

70	71	72	73	74	75	76	77	78	79
수칙임기	사고시	손수	수다	사령관도	서명령	사변	사수하다	상위권	사죄

80단위 : ㅇ행 ㅊ~ㅈ 숫자 낱말 [80조~89조]

80	81	82	83	84	85	[86]	87	[88]	89
이치에맞게	의견표시	완벽하게	야단난다	알아모심	엄호·엄격	국무총리 압도적인총리	우수한국무위원	국무회의 왕의권한심의	아주중요한심의사항

글자 낱말 키워드 연상 기억하기

90단위 : ㅈ행 ㅊ~ㅈ 숫자 낱말 [90조~99조]

90	91	92	93	[94]	95	96	[97]	98	99
자치적	죽도록	준비	주도하다	**행정각부** / 잘난사람	잠자면	잡고간다	**감사원** / 조사	장을포함하여 / 구성하(무국)	자정넘어

100단위 : 백 단위 한글 유음 숫자 낱말 백ㄱ~백ㅈ [100조~109조]

100	[101]	102	103	104	105	106	107	108	109
백그라운드	**법원** / 백기	백날백로날개	백두장사	백화수복	백마부대	백배좋은	백사장	백의종군	백주대낮

110단위 : 백십 단위 숫자 낱말 ㄱㄱㅊ~ㄱㄱㅈ [110조~119조]

110	[111]	112	113	[114]	115	116	[117]	118	[119]
객차	**헌법재판소** / 국기	국내	국도	**선거관리** / 국회	국무	국법	**지방자치** / 국사	국익	**경제** / 국제

101조 - **백기** : 사법권은 법원에 백기에 모든 심판의 순종의 뜻. 법원의 조직, 법관의 자격.

102조 - **백날** : 대법원 부서는 백로의 날개처럼 청렴.

103조 - **백두장사** : 심판이 양심에 따라 독립하여 심판(법관의 독립).

104조 - **백화수복** : 대법원장·대법관 임명식에 백화수복 축하 파티.

105조 - **백마부대** : 백마부대 육군은 법관 임기 6년 연임.

106조 - **백배** : 백 배 좋은 것은 법관의 신분 보장 때문이다.

107조 - **백사장** : 법률의 위헌 신청 - 심판의 판결에 법률적 위반이 있어 본부 제청.

108조 - **백의종군** : 규칙 제정권 - 백의종군하여 내부 규율 사무 처리하다.

109조 - **백주** : 재판공개의 원칙 - 씨름의 심판을 백주에 재판 공개.

글자 낱말 키워드 연상 기억하기

120단위 : 백이십 단위 숫자 낱말 ㄱㄴㅊ~ㄱㄴㅈ [120조~129조]

120	121	122	123	124	125	126	127	[128]	129
군	군	군	군	군	군	군	군	헌법개정	군	군
청	기	내	대	화	모	부	사		이	주

130단위 : 백삼십 단위 숫자 낱말 ㄱㅌㅊ [130조]=기타 침
헌법 [개정안의 의결 확정 · 공포] 후 기타 치며 성공 파티함.

대한민국헌법 [제정 1948. 7. 17]

일부개정 1952. 7. 7   일부개정 1954. 11. 29
일부개정 1960. 6. 15   일부개정 1960. 11. 29
전문개정 1962. 12. 26   일부개정 1969. 10. 21
전문개정 1972. 12. 27   전문개정 1980. 10. 27
전문개정 1987. 10. 29

헌법의 조문
볼펜 글씨 쓰기

제3부

헌법 전문

　유구한 역사와 전통에 빛나는 우리 대한국민은 3·1운동으로 건립된 대한민국임시정부의 법통과 불의에 항거한 4·19민주이념을 계승하고, 조국의 민주개혁과 평화적 통일의 사명에 입각하여 정의·인도와 동포애로써 민족의 단결을 공고히 하고, 모든 사회적 폐습과 불의를 타파하며, 자율과 조화를 바탕으로 자유민주적 기본질서를 더욱 확고히 하여 정치·경제·사회·문화의 모든 영역에 있어서 각인의 기회를 균등히 하고, 능력을 최고도로 발휘하게 하며, 자유와 권리에 따르는 책임과 의무를 완수하게 하여, 안으로는 국민생활의 균등한 향상을 기하고 밖으로는 항구적인 세계평화와 인류공영에 이바지함으로써 우리들과 우리들의 자손의 안전과 자유와 행복을 영원히 확보할 것을 다짐하면서 1948년 7월 12일에 제정되고 8차에 걸쳐 개정된 헌법을 이제 국회의 의결을 거쳐 국민투표에 의하여 개정한다.

1987년 10월 29일

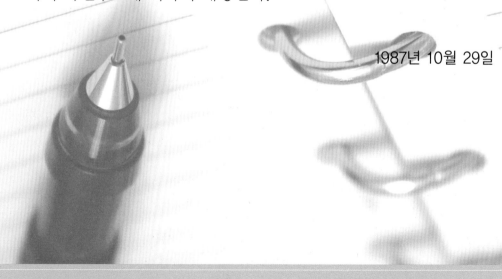

글자 선 따라 볼펜 글씨 쓰기[1]

아래 조문 내용을 흐린 글자 선 따라 볼펜으로 빠르고 바르게 쓰고 나서
빈칸에 다시 한 번 써서 글씨체를 교정해 보세요.

제1장 총강   제1조 [연상기억] : 제일의 대한민국 [국호 · 정체 · 주권]이다.

대한민국은 민주공화국이다.

대한민국의 주권은 국민에게 있고

모든 권력은 국민으로부터 나온다.

제2조 [연상기억] : 이 [국민의 요건]은 법률로 정한다.
　　　　　　　　　　　[재외국민의 보호의무]가 있다.

대한민국의 국민이 되는 요건은 법률로

정한다.

국가는 법률이 정하는 바에 의하여

헌법의 조문

글자 선 따라 볼펜 글씨 쓰기[2]

아래 조문 내용을 흐린 글자 선 따라 볼펜으로 빠르고 바르게 쓰고 나서
빈칸에 다시 한 번 써서 글씨체를 교정해 보세요.

재외국민을 보호할 의무를 진다.

제3조 : 삼면이 바다인 대한민국의 [영토]이다.

대한민국의 영토는 한반도와 그 부속

도서로 한다.

제4조 : 사력을 다하여 [통일정책]을 수립하다.

대한민국은 통일을 지향하며, 자유민

주적 기본질서에 입각한 평화적 통일

아래 조문 내용을 흐린 글자 선 따라 볼펜으로 빠르고 바르게 쓰고 나서 빈칸에 다시 한 번 써서 글씨체를 교정해 보세요.

정책을 수립하고 이를 추진한다.

제5조 : 오래도록 국제평화의 유지를 위해 노력한다.
　　　　[침략적 전쟁의 부인, 국군의 사명, 정치적 중립성]

대한민국은 국제평화의 유지에 노력하고

침략적 전쟁을 부인한다.

국군은 국가의 안전보장과 국토방위의

신성한 의무를 수행함을 사명으로

하며, 그 정치적 중립성은 준수된다.

글자 선 따라 볼펜 글씨 쓰기[4]

아래 조문 내용을 흐린 글자 선 따라 볼펜으로 빠르고 바르게 쓰고 나서
빈칸에 다시 한 번 써서 글씨체를 교정해 보세요.

제6조 : 유효. 국제법규는 국내법과 같은 효력을 가진다.
　　　　[조약, 국제법규의 효력, 외국인의 법적 지위]

헌법에 의하여 체결·공포된 조약과

일반적으로 승인된 국제법규는 국내

법과 같은 효력을 가진다.

외국인은 국제법과 조약이 정하는 바에

의하여 그 지위가 보장된다.

제7조 : 친절한 공무원은 국민 전체에 대한 봉사자이다.
　　　　[공무원의 지위 · 책임 · 신분, 정치적 중립성]

공무원은 국민전체에 대한 봉사자이며,

헌법의
조문

글자 선 따라 볼펜 글씨 쓰기[5]

아래 조문 내용을 흐린 글자 선 따라 볼펜으로 빠르고 바르게 쓰고 나서
빈칸에 다시 한 번 써서 글씨체를 교정해 보세요.

국민에 대하여 책임을 진다.

공무원의 신분과 정치적 중립성은 법률

이 정하는 바에 의하여 보장된다.

제8조 : 파당 [정당]의 설립은 자유이다.

정당의 설립은 자유이며, 복수정당제는

보장된다.

정당은 그 목적·조직과 활동이 민주적

이어야 하며, 국민의 정치적 의사 형성

에 참여하는데 필요한 조직을 가져야

한다.

정당은 법률이 정하는 바에 의하여 국가

의 보호를 받으며, 국가는 법률이 정하

는 바에 의하여 정당운영에 필요한

아래 조문 내용을 흐린 글자 선 따라 볼펜으로 빠르고 바르게 쓰고 나서
빈칸에 다시 한 번 써서 글씨체를 교정해 보세요.

자금을 보조할 수 있다.

정당의 목적이나 활동이 민주적 기본질

서에 위배될 때에는 정부는 헌법재판소

에 그 해산을 제소할 수 있고 정당은

헌법재판소의 심판에 의하여 해산된다.

제9조 : 구습은 [전통문화와 민족문화]이다.

국가는 전통문화의 계승·발전과 민족

글자 선 따라 볼펜 글씨 쓰기[8]

아래 조문 내용을 흐린 글자 선 따라 볼펜으로 빠르고 바르게 쓰고 나서
빈칸에 다시 한 번 써서 글씨체를 교정해 보세요.

문화의 창달에 노력하여야 한다.

제2장 국민의 권리와 의무

제10조 : 가치 있는 [인간의 존엄성과 기본인권보장]이다.

모든 국민은 인간으로서의 존엄과 가치

를 가지며, 행복을 추구할 권리를 가진

다. 국가는 개인이 가지는 불가침의

기본적 인권을 확인하고 이를 보장할

의무를 진다.

아래 조문 내용을 흐린 글자 선 따라 볼펜으로 빠르고 바르게 쓰고 나서
빈칸에 다시 한 번 써서 글씨체를 교정해 보세요.

제11조 : 국민은 법 앞에 모두 평등하니 영전도 받을 수 있다.
　　　　　[국민의 평등, 특수계급제도의 부인, 영전의 효력]

모든 국민은 법 앞에 평등하다.

누구든지 성별·종교 또는 사회적 신분

에 의하여 정치적·경제적·사회적·

문화적 생활의 모든 영역에 있어서

차별을 받지 아니한다.

사회적 특수계급의 제도는 인정되지

아니하며, 어떠한 형태로도 이를 창설할

아래 조문 내용을 흐린 글자 선 따라 볼펜으로 빠르고 바르게 쓰고 나서
빈칸에 다시 한 번 써서 글씨체를 교정해 보세요.

수 없다.

훈장 등의 영전은 이를 받은 자에게만

효력이 있고 어떠한 특권도 이에 따르

지 아니한다.

제12조 : 간절히 바라는 [신체의 자유, 자백의 증거능력]

모든 국민은 신체의 자유를 가진다.

누구든지 법률에 의하지 아니하고는

글자 선 따라 볼펜 글씨 쓰기[11]

아래 조문 내용을 흐린 글자 선 따라 볼펜으로 빠르고 바르게 쓰고 나서
빈칸에 다시 한 번 써서 글씨체를 교정해 보세요.

체포·구속·압수·수색 또는 심문을

받지 아니하며, 법률과 적법한 절차에

의하지 아니하고는 처벌·보안처분 또는

강제노역을 받지 아니한다.

모든 국민은 고문을 받지 아니하며,

형사상 자기에게 불리한 진술을 강요

당하지 아니한다.

헌법의 조문

글자 선 따라 볼펜 글씨 쓰기 [12]

아래 조문 내용을 흐린 글자 선 따라 볼펜으로 빠르고 바르게 쓰고 나서
빈칸에 다시 한 번 써서 글씨체를 교정해 보세요.

체포·구속·압수 또는 수색을 할 때에

는 적법한 절차에 따라 검사의 신청에

의하여 법관이 발부한 영장을 제시하여

야 한다.

다만, 현행범인인 경우와 장기 3년 이

상의 형에 해당하는 죄를 범하고 도피

또는 증거인멸의 염려가 있을 때에는

글자 선 따라 볼펜 글씨 쓰기[13]

아래 조문 내용을 흐린 글자 선 따라 볼펜으로 빠르고 바르게 쓰고 나서
빈칸에 다시 한 번 써서 글씨체를 교정해 보세요.

사후에 영장을 청구할 수 있다.

누구든지 체포 또는 구속을 당한 때에

는 즉시 변호인의 조력을 받을 권리를

가진다. 다만, 형사피고인이 스스로

변호인을 구할 수 없을 때에는 법률이

정하는 바에 의하여 국가가 변호인을

붙인다.

헌법의 조문

글자 선 따라 볼펜 글씨 쓰기[14]

아래 조문 내용을 흐린 글자 선 따라 볼펜으로 빠르고 바르게 쓰고 나서
빈칸에 다시 한 번 써서 글씨체를 교정해 보세요.

누구든지 체포 또는 구속의 이유와

변호인의 조력을 받을 권리가 있음을

고지받지 아니하고는 체포 또는 구속을

당하지 아니한다. 체포 또는 구속을

당한 자의 가족 등 법률이 정하는 자

에게는 그 이유와 일시·장소가 지체없이

통지되어야 한다.

아래 조문 내용을 흐린 글자 선 따라 볼펜으로 빠르고 바르게 쓰고 나서
빈칸에 다시 한 번 써서 글씨체를 교정해 보세요.

누구든지 체포 또는 구속을 당한 때에

는 적부의 심사를 법원에 청구할 권리

를 가진다.

피고인의 자백이 고문·폭행·협박·

구속의 부당한 장기화 또는 기망 기타

의 방법에 의하여 자의로 진술된 것이

아니라고 인정될 때 또는 정식재판에

있어서 피고인의 자백이 그에게 불리한

유일한 증거일 때에는 이를 유죄의

증거로 삼거나 이를 이유로 처벌할 수

없다.

제13조 : 거듭 처벌하지 않는다.

　　　　[형법불소급, 일사부재리, 소급입법의 금지, 연좌제 금지]

모든 국민은 행위시의　법률에 의하여

범죄를 구성하지 아니하는 행위로

아래 조문 내용을 흐린 글자 선 따라 볼펜으로 빠르고 바르게 쓰고 나서
빈칸에 다시 한 번 써서 글씨체를 교정해 보세요.

소추되지 아니하며, 동일한 범죄에

대하여 거듭 처벌받지 아니한다.

모든 국민은 소급입법에 의하여 참정권

의 제한을 받거나 재산권을 박탈당하지

아니한다.

모든 국민은 자기의 행위가 아닌 친족

헌법의 조문

글자 선 따라 볼펜 글씨 쓰기[18]

아래 조문 내용을 흐린 글자 선 따라 볼펜으로 빠르고 바르게 쓰고 나서
빈칸에 다시 한 번 써서 글씨체를 교정해 보세요.

의 행위로 인하여 불이익한 처우를

받지 아니한다.

제14조 : 갈 테면 가라 [거주 · 이전의 자유]가 있다.

모든 국민은 거주 · 이전의 자유를

가진다.

제15조 : 감사 [직업선택의 자유]가 있어서 감사하다.
　　　　★ 평양감사도 저 하기 싫으면 그만이다.

모든 국민은 직업선택의 자유를

가진다.

글자 선 따라 볼펜 글씨 쓰기[19]

아래 조문 내용을 흐린 글자 선 따라 볼펜으로 빠르고 바르게 쓰고 나서
빈칸에 다시 한 번 써서 글씨체를 교정해 보세요.

제16조 : 과부도 [주거의 자유 보장]을 받는다.

모든 국민은 주거의 자유를 침해받지

아니한다.

주거에 대한 압수나 수색을 할 때에는

검사의 신청에 의하여 법관이 발부한

영장을 제시하여야 한다.

제17조 : 가수들도 [사생활의 비밀과 자유]가 있다.

모든 국민은 사생활의 비밀과 자유를

글자 선 따라 볼펜 글씨 쓰기[20]

아래 조문 내용을 흐린 글자 선 따라 볼펜으로 빠르고 바르게 쓰고 나서
빈칸에 다시 한 번 써서 글씨체를 교정해 보세요.

침해받지 아니한다.

제18조 : 공중파 [통신의 비밀]을 침해받지 않는다.

모든 국민은 통신의 비밀을 침해받지

아니한다.

제19조 : 가족들도 [양심의 자유]를 가진다.

모든 국민은 양심의 자유를 가진다.

글자 선 따라 볼펜 글씨 쓰기[21]

아래 조문 내용을 흐린 글자 선 따라 볼펜으로 빠르고 바르게 쓰고 나서
빈칸에 다시 한 번 써서 글씨체를 교정해 보세요.

제20조 : 노처녀, 노총각도 [종교의 자유]가 있다.

모든 국민은 종교의 자유를 가진다.

국교는 인정되지 아니하며, 종교와

정치는 분리된다.

제21조 : 낙후되지 않으려면 [언론 · 출판 · 집회 · 결사의 자유] 등
[언론 · 출판에 의한 피해보상]을 하다.

모든 국민은 언론 · 출판의 자유와 집회 ·

결사의 자유를 가진다. 언론 · 출판에

대한 허가나 검열과 집회 · 결사에

글자 선 따라 볼펜 글씨 쓰기[22]

아래 조문 내용을 흐린 글자 선 따라 볼펜으로 빠르고 바르게 쓰고 나서
빈칸에 다시 한 번 써서 글씨체를 교정해 보세요.

대한 허가는 인정되지 아니한다.

통신·방송의 시설기준과 신문의 기능을

보장하기 위하여 필요한 사항은 법률

로 정한다.

언론·출판은 타인의 명예나 권리 또는

공중도덕이나 사회윤리를 침해하여서는

아래 조문 내용을 흐린 글자 선 따라 볼펜으로 빠르고 바르게 쓰고 나서
빈칸에 다시 한 번 써서 글씨체를 교정해 보세요.

아니 된다.

언론·출판이 타인의 명예나 권리를 침해

한 때에는 피해자는 이에 대한 피해의

배상을 청구할 수 있다.

제22조 : 논리적인 [학문 · 예술의 자유]가 있고,
　　　　[저작권 등의 보호]를 받는다.

모든 국민은 학문과 예술의 자유를

가진다.

글자 선 따라 볼펜 글씨 쓰기[24]

아래 조문 내용을 흐린 글자 선 따라 볼펜으로 빠르고 바르게 쓰고 나서
빈칸에 다시 한 번 써서 글씨체를 교정해 보세요.

저작자·발명가·과학기술자와 예술가의

권리는 법률로써 보호한다.

제23조 : 노다지로 [재산권 보장과 제한]이 된다.

모든 국민의 재산권은 보장된다.

그 내용과 한계는 법률로 정한다.

재산권의 행사는 공공복리에 적합하도

록 하여야 한다.

아래 조문 내용을 흐린 글자 선 따라 볼펜으로 빠르고 바르게 쓰고 나서
빈칸에 다시 한 번 써서 글씨체를 교정해 보세요.

공공필요에 의한 재산권의 수용·사용

또는 제한 및 그에 대한 보상은 법률

로써 하되, 정당한 보상을 지급하여야

한다.

제24조 : 나라에서 [선거권]을 준다.

모든 국민은 법률이 정하는 바에 의하

여 선거권을 가진다.

아래 조문 내용을 흐린 글자 선 따라 볼펜으로 빠르고 바르게 쓰고 나서
빈칸에 다시 한 번 써서 글씨체를 교정해 보세요.

제25조 : 남녀 모두 [공무 담임권]을 차별 없이 가진다.

모든 국민은 법률이 정하는 바에 의하

여 공무담임권을 가진다.

제26조 : 납득을 위해 문서로서 청원하니 [청원권]이 있다.

모든 국민은 법률이 정하는 바에 의하

여 국가기관에 문서로 청원할 권리를

가진다.

국가는 청원에 대하여 심사할 의무를

헌법의
조문

글자 선 따라 볼펜 글씨 쓰기[27]

아래 조문 내용을 흐린 글자 선 따라 볼펜으로 빠르고 바르게 쓰고 나서
빈칸에 다시 한 번 써서 글씨체를 교정해 보세요.

진다.

제27조 : 나서라 [재판을 받을 권리]가 있다.
　　　억울하면 [형사피고인의 무죄추정 등] 나서야 한다.

모든 국민은 헌법과 법률이 정한 법관

에 의하여 법률에 의한 재판을 받을

권리를 가진다.

헌법의
조문

글자 선 따라 볼펜 글씨 쓰기[28]

아래 조문 내용을 흐린 글자 선 따라 볼펜으로 빠르고 바르게 쓰고 나서
빈칸에 다시 한 번 써서 글씨체를 교정해 보세요.

군인 또는 군무원이 아닌 국민은 대한

민국의 영역 안에서는 중대한 군사상

기밀·초병·초소·유독음식물공급·포로·

군용물에 관한 죄중 법률이 정한

경우와 비상계엄이 선포된 경우를 제외

하고는 군사법원의 재판을 받지 아니

한다.

아래 조문 내용을 흐린 글자 선 따라 볼펜으로 빠르고 바르게 쓰고 나서
빈칸에 다시 한 번 써서 글씨체를 교정해 보세요.

모든 국민은 신속한 재판을 받을 권리

를 가진다. 형사피고인은 상당한 이유

가 없는 한 지체없이 공개재판을 받을

권리를 가진다.

형사피고인은 유죄의 판결이 확정될

때까지는 무죄로 추정된다.

헌법의 조문

글자 선 따라 볼펜 글씨 쓰기[30]

아래 조문 내용을 흐린 글자 선 따라 볼펜으로 빠르고 바르게 쓰고 나서
빈칸에 다시 한 번 써서 글씨체를 교정해 보세요.

형사피해자는 법률이 정하는 바에 의하

여 당해 사건의 재판절차에서 진술할

수 있다.

제28조 : 낭비는 [형사보상]하니 국가적 낭비가 된다.

형사피의자 또는 형사피고인으로서 구금

되었던 자가 법률이 정하는 불기소처

분을 받거나 무죄판결을 받은 때에는

아래 조문 내용을 흐린 글자 선 따라 볼펜으로 빠르고 바르게 쓰고 나서
빈칸에 다시 한 번 써서 글씨체를 교정해 보세요.

법률이 정하는 바에 의하여 국가에

정당한 보상을 청구할 수 있다.

제29조 : 노조가 [공무원의 불법행위와 배상책임]을 묻다.

공무원의 직무상 불법행위로 손해를 받

은 국민은 법률이 정하는 바에 의하여

국가 또는 공공단체에 정당한 배상을

청구할 수 있다.

헌법의 조문

글자 선 따라 볼펜 글씨 쓰기[32]

아래 조문 내용을 흐린 글자 선 따라 볼펜으로 빠르고 바르게 쓰고 나서
빈칸에 다시 한 번 써서 글씨체를 교정해 보세요.

이 경우 공무원 자신의 책임은 면제되

지 아니한다.

군인·군무원·경찰공무원 기타 법률이

정하는 자가 전투·훈련등 직무집행과

관련하여 받은 손해에 대하여는 법률이

정하는 보상 외에 국가 또는 공공

단체에 공무원의 직무상 불법행위로

헌법의 조문

글자 선 따라 볼펜 글씨 쓰기[33]

아래 조문 내용을 흐린 글자 선 따라 볼펜으로 빠르고 바르게 쓰고 나서
빈칸에 다시 한 번 써서 글씨체를 교정해 보세요.

인한 배상을 청구할 수 없다.

제30조 : 다친 **사람을 구조하다.** [범죄행위로 인한 피해구조]

타인의 범죄행위로 인하여 생명·신체에

대한 피해를 받은 국민은 법률이 정하

는 바에 의하여 국가로부터 구조를

받을 수 있다.

헌법의 조문 | 글자 선 따라 볼펜 글씨 쓰기[34]

아래 조문 내용을 흐린 글자 선 따라 볼펜으로 빠르고 바르게 쓰고 나서
빈칸에 다시 한 번 써서 글씨체를 교정해 보세요.

제31조 : 똑똑한 사람을 만들기 위해서는 [교육을 받을 권리와 의무]가 있다.

모든 국민은 능력에 따라 균등하게

교육을 받을 권리를 가진다.

모든 국민은 그 보호하는 자녀에게 적

어도 초등교육과 법률이 정하는 교육을

받게 할 의무를 진다.

의무교육은 무상으로 한다.

글자 선 따라 볼펜 글씨 쓰기[35]

아래 조문 내용을 흐린 글자 선 따라 볼펜으로 빠르고 바르게 쓰고 나서
빈칸에 다시 한 번 써서 글씨체를 교정해 보세요.

교육의 자주성·전문성·정치적 중립성

및 대학의 자율성은 법률이 정하는 바

에 의하여 보장된다.

국가는 평생교육을 진흥하여야 한다.

학교교육 및 평생교육을 포함한 교육제

도와 그 운영, 교육재정 및 교원의

글자 선 따라 볼펜 글씨 쓰기[36]

아래 조문 내용을 흐린 글자 선 따라 볼펜으로 빠르고 바르게 쓰고 나서
빈칸에 다시 한 번 써서 글씨체를 교정해 보세요.

지위에 관한 기본적인 사항은 법률로

정한다.

제32조 : 돈을 벌기 위하여 [근로의 권리 · 의무]를 가진다.
　　　　[국가유공자의 기회우선]이 있다.

모든 국민은 근로의 권리를 가진다.

국가는 사회적·경제적 방법으로 근로

자의 고용의 증진과 적정임금의 보장에

노력하여야 하며, 법률이 정하는 바에

글자 선 따라 볼펜 글씨 쓰기[37]

아래 조문 내용을 흐린 글자 선 따라 볼펜으로 빠르고 바르게 쓰고 나서
빈칸에 다시 한 번 써서 글씨체를 교정해 보세요.

의하여 최저임금제를 시행하여야

한다.

모든 국민은 근로의 의무를 진다.

국가는 근로의 의무의 내용과 조건을

민주주의원칙에 따라 법률로 정한다.

근로조건의 기준은 인간의 존엄성을

헌법의 조문

글자 선 따라 볼펜 글씨 쓰기[38]

아래 조문 내용을 흐린 글자 선 따라 볼펜으로 빠르고 바르게 쓰고 나서
빈칸에 다시 한 번 써서 글씨체를 교정해 보세요.

보장하도록 법률로 정한다.

여자의 근로는 특별한 보호를 받으며,

고용·임금 및 근로조건에 있어서 부당

한 차별을 받지 아니한다.

연소자의 근로는 특별한 보호를 받는다.

국가유공자·상이군경 및 전몰군경의

헌법의 조문

글자 선 따라 볼펜 글씨 쓰기[39]

아래 조문 내용을 흐린 글자 선 따라 볼펜으로 빠르고 바르게 쓰고 나서
빈칸에 다시 한 번 써서 글씨체를 교정해 보세요.

유가족은 법률이 정하는 바에 의하여

우선적으로 근로의 기회를 부여

받는다.

제33조 : 되도록 좋은 근로조건의 향상을 위해
　　　　　[근로자의 단결권 등]을 갖는다.

근로자는 근로조건의 향상을 위하여

자주적인 단결권·단체교섭권 및 단체

행동권을 가진다.

글자 선 따라 볼펜 글씨 쓰기[40]

아래 조문 내용을 흐린 글자 선 따라 볼펜으로 빠르고 바르게 쓰고 나서
빈칸에 다시 한 번 써서 글씨체를 교정해 보세요.

공무원인 근로자는 법률이 정하는 자에

한하여 단결권·단체교섭권 및 단체

행동권을 가진다.

법률이 정하는 주요 방위산업체에 종사

하는 근로자의 단체행동권은 법률이 정

하는 바에 의하여 이를 제한하거나

인정하지 아니할 수 있다.

헌법의 조문

글자 선 따라 볼펜 글씨 쓰기[41]

아래 조문 내용을 흐린 글자 선 따라 볼펜으로 빠르고 바르게 쓰고 나서 빈칸에 다시 한 번 써서 글씨체를 교정해 보세요.

제34조 : 달동네 사는 사람도 [사회보장] 등을 받아 인간다운 생활을 할 권리가 있다.

모든 국민은 인간다운 생활을 할 권리

를 가진다.

국가는 사회보장·사회복지의 증진에

노력할 의무를 진다.

국가는 여자의 복지와 권익의 향상을

위하여 노력하여야 한다.

헌법의 조문

글자 선 따라 볼펜 글씨 쓰기[42]

아래 조문 내용을 흐린 글자 선 따라 볼펜으로 빠르고 바르게 쓰고 나서
빈칸에 다시 한 번 써서 글씨체를 교정해 보세요.

국가는 노인과 청소년의 복지향상을 위한

정책을 실시할 의무를 진다.

신체장애자 및 질병·노령 기타의 사유로

생활능력이 없는 국민은 법률이

정하는 바에 의하여 국가의 보호를

받는다.

국가는 재해를 예방하고 그 위험으로

헌법의 조문

글자 선 따라 볼펜 글씨 쓰기[43]

아래 조문 내용을 흐린 글자 선 따라 볼펜으로 빠르고 바르게 쓰고 나서
빈칸에 다시 한 번 써서 글씨체를 교정해 보세요.

부터 국민을 보호하기 위하여 노력하

여야 한다.

제35조 : 담배 [환경권] 등 꽁초를 함부로 버리면 건강과 환경이 나빠진다.

모든 국민은 건강하고 쾌적한 환경에서

생활할 권리를 가지며, 국가와 국민은

환경보전을 위하여 노력하여야 한다.

환경권의 내용과 행사에 관하여는 법률

아래 조문 내용을 흐린 글자 선 따라 볼펜으로 빠르고 바르게 쓰고 나서
빈칸에 다시 한 번 써서 글씨체를 교정해 보세요.

로 정한다.

국가는 주택개발정책 등을 통하여 모든

국민이 쾌적한 주거생활을 할 수 있도록

노력하여야 한다.

제36조 : 돕다. [혼인과 가족생활]을 하면, 서로 돕고 살아야 하며,
　　　　[모성보호 국민보건]은 국가가 노력한다.

혼인과 가족생활은 개인의 존엄과 양성

의 평등을 기초로 성립되고 유지되어야

글자 선 따라 볼펜 글씨 쓰기[45]

아래 조문 내용을 흐린 글자 선 따라 볼펜으로 빠르고 바르게 쓰고 나서
빈칸에 다시 한 번 써서 글씨체를 교정해 보세요.

하며, 국가는 이를 보장한다.

국가는 모성의 보호를 위하여 노력하여

야 한다.

모든 국민은 보건에 관하여 국가의

보호를 받는다.

제37조 : 뜻대로 할 수 있는 [국민의 자유]와 [권리의 존중 · 제한]하다.

국민의 자유와 권리는 헌법에 열거되지

아니한 이유로 경시되지 아니한다.

국민의 모든 자유와 권리는 국가안전

보장·질서유지 또는 공공복리를 위하

여 필요한 경우에 한하여 법률로써

제한할 수 있으며, 제한하는 경우에도

자유와 권리의 본질적인 내용을 침해할

수 없다.

아래 조문 내용을 흐린 글자 선 따라 볼펜으로 빠르고 바르게 쓰고 나서 빈칸에 다시 한 번 써서 글씨체를 교정해 보세요.

제38조 : 당연하다. [납세의 의무]를 진다.

모든 국민은 법률이 정하는 바에 의하

여 납세의 의무를 진다.

제39조 : 대장의 명을 받아 [국방의 의무]를 진다.

모든 국민은 법률이 정하는 바에 의하

여 국방의 의무를 진다.

누구든지 병역 의무의 이행으로 인하여

불이익한 처우를 받지 아니한다.

아래 조문 내용을 흐린 글자 선 따라 볼펜으로 빠르고 바르게 쓰고 나서
빈칸에 다시 한 번 써서 글씨체를 교정해 보세요.

제3장 국회 제40조 : 국회 회칙에 [입법권]이 있다.

입법권은 국회에 속한다.

제41조 : 학식 있는 사람으로 [국회의 구성]을 하다.

국회는 국민의 보통·평등·직접·비밀

선거에 의하여 선출된 국회의원으로

구성한다.

국회의원의 수는 법률로 정하되, 200인

이상으로 한다.

글자 선 따라 볼펜 글씨 쓰기[49]

아래 조문 내용을 흐린 글자 선 따라 볼펜으로 빠르고 바르게 쓰고 나서
빈칸에 다시 한 번 써서 글씨체를 교정해 보세요.

국회의원의 선거구와 비례대표제 기타

선거에 관한 사항은 법률로 정한다.

제42조 : 한정되어 있는 [의원의 임기] 4년이다.

국회의원의 임기는 4년으로 한다.

제43조 : 해도 안 되는 [의원의 겸직제한]이 있다.

국회의원은 법률이 정하는 직을 겸할

수 없다.

글자 선 따라 볼펜 글씨 쓰기[50]

아래 조문 내용을 흐린 글자 선 따라 볼펜으로 빠르고 바르게 쓰고 나서
빈칸에 다시 한 번 써서 글씨체를 교정해 보세요.

제44조 : 활동 중에는 [의원의 불체포특권]이 있다.

국회의원은 현행범인인 경우를 제외

하고는 회기 중 국회의 동의 없이 체포

또는 구금되지 아니한다.

국회의원이 회기 전에 체포 또는 구금된

때에는 현행범인이 아닌 한 국회의

요구가 있으면 회기 중 석방된다.

아래 조문 내용을 흐린 글자 선 따라 볼펜으로 빠르고 바르게 쓰고 나서
빈칸에 다시 한 번 써서 글씨체를 교정해 보세요.

제45조 : 함부로 말해도 [발언 · 표결의 원외면책]이 있다.

국회의원은 국회에서 직무상 행한 발언

과 표결에 관하여 국회 외에서 책임을

지지 아니한다.

제46조 : 협박이 있어도 [의원의 의무]는 청렴하다.

국회의원은 청렴의 의무가 있다.

국회의원은 국가이익을 우선하여 양심

에 따라 직무를 행한다.

글자 선 따라 볼펜 글씨 쓰기[52]

아래 조문 내용을 흐린 글자 선 따라 볼펜으로 빠르고 바르게 쓰고 나서
빈칸에 다시 한 번 써서 글씨체를 교정해 보세요.

국회의원은 그 지위를 남용하여 국가·

공공단체 또는 기업체와의 계약이나 그

처분에 의하여 재산상의 권리·이익

또는 직위를 취득하거나 타인을 위하여

그 취득을 알선할 수 없다.

제47조 : 횟수가 정해져 있지만 요구가 있을 시 집회된다.
　　　　[정기회·임시회]도 회기가 있다.

국회의 정기회는 법률이 정하는 바에

헌법의 조문

글자 선 따라 볼펜 글씨 쓰기[53]

아래 조문 내용을 흐린 글자 선 따라 볼펜으로 빠르고 바르게 쓰고 나서
빈칸에 다시 한 번 써서 글씨체를 교정해 보세요.

의하여 매년 1회 집회되며, 국회의 임

시회는 대통령 또는 국회 재적의원 4분

의 1 이상의 요구에 의하여 집회된다.

정기회의 회기는 100일을, 임시회의

회기는 30일을 초과할 수 없다.

대통령이 임시회의 집회를 요구할 때에

글자 선 따라 볼펜 글씨 쓰기[54]

아래 조문 내용을 흐린 글자 선 따라 볼펜으로 빠르고 바르게 쓰고 나서
빈칸에 다시 한 번 써서 글씨체를 교정해 보세요.

는 기간과 집회요구의 이유를 명시하여

야 한다.

제48조 : 호의적인 사람으로 [의장 · 부의장]을 선출한다.

국회는 의장 1인과 부의장 2인을 선출

한다.

제49조 : 하자가 있다. [의결의 정족수와 의결방법]에 하자.

국회는 헌법 또는 법률에 특별한 규정

아래 조문 내용을 흐린 글자 선 따라 볼펜으로 빠르고 바르게 쓰고 나서
빈칸에 다시 한 번 써서 글씨체를 교정해 보세요.

이 없는 한 재적의원 과반수의 출석과

출석의원 과반수의 찬성으로 의결한다.

가부 동수인 때에는 부결된 것으로

본다.

제50조 : 모체인 국회에서 [의사공개의 원칙]을 지킨다.

국회의 회의는 공개한다. 다만, 출석

의원 과반수의 찬성이 있거나 의장이

아래 조문 내용을 흐린 글자 선 따라 볼펜으로 빠르고 바르게 쓰고 나서
빈칸에 다시 한 번 써서 글씨체를 교정해 보세요.

국가의 안전보장을 위하여 필요하다고

인정할 때에는 공개하지 아니할 수 있다.

공개하지 아니한 회의 내용의 공표에

관하여는 법률이 정하는 바에 의한다.

제51조 : 막 내릴 때까지 [의안의 차회기계속]하다.

국회에 제출된 법률안 기타의 의안은

회기 중에 의결되지 못한 이유로 폐기되

아래 조문 내용을 흐린 글자 선 따라 볼펜으로 빠르고 바르게 쓰고 나서
빈칸에 다시 한 번 써서 글씨체를 교정해 보세요.

지 아니한다.

다만, 국회의원의 임기가 만료될 때에는

그러하지 아니하다.

제52조 : 만들어서 [법률안 제출권]을 제출하다.

국회의원과 정부는 법률안을 제출할

수 있다.

헌법의 조문

글자 선 따라 볼펜 글씨 쓰기[58]

아래 조문 내용을 흐린 글자 선 따라 볼펜으로 빠르고 바르게 쓰고 나서
빈칸에 다시 한 번 써서 글씨체를 교정해 보세요.

제53조 : 모두에게 [법률안의 공포, 대통령의 재의 요구] [법률의 확정 · 발효]를 하다.

국회에서 의결된 법률안은 정부에 이송

되어 15일 이내에 대통령이 공포한다.

법률안에 이의가 있을 때에는 대통령

은 제1항의 기간 내에 이의서를 붙여

국회로 환부하고 그 재의를 요구할 수

있다.

국회의 폐회 중에도 또한 같다.

아래 조문 내용을 흐린 글자 선 따라 볼펜으로 빠르고 바르게 쓰고 나서
빈칸에 다시 한 번 써서 글씨체를 교정해 보세요.

대통령은 법률안의 일부에 대하여 또는

법률안을 수정하여 재의를 요구할 수

없다.

재의의 요구가 있을 때에는 국회는

재의에 붙이고, 재적의원 과반수의 출석

과 출석의원 3분의 2 이상의 찬성으로

전과 같은 의결을 하면 그 법률안은

헌법의 조문

글자 선 따라 볼펜 글씨 쓰기[60]

아래 조문 내용을 흐린 글자 선 따라 볼펜으로 빠르고 바르게 쓰고 나서
빈칸에 다시 한 번 써서 글씨체를 교정해 보세요.

법률로서 확정된다.

대통령이 제1항의 기간 내에 공포나

재의의 요구를 하지 아니한 때에도 그

법률안은 법률로서 확정된다.

대통령은 제4항과 제5항의 규정에 의하여

확정된 법률을 지체없이 공포하여야

아래 조문 내용을 흐린 글자 선 따라 볼펜으로 빠르고 바르게 쓰고 나서
빈칸에 다시 한 번 써서 글씨체를 교정해 보세요.

한다. 제5항에 의하여 법률이 확정된

혹 또는 제4항에 의한 확정법률이

정부에 이송된 후 5일 이내에 대통령이

공조하지 아니할 때에는 국회의장이

이를 공조한다.

법률은 특별한 규정이 없는 한 공조한

날로부터 20일을 경과함으로써 효력을

헌법의 조문

글자 선 따라 볼펜 글씨 쓰기[62]

아래 조문 내용을 흐린 글자 선 따라 볼펜으로 빠르고 바르게 쓰고 나서
빈칸에 다시 한 번 써서 글씨체를 교정해 보세요.

발생한다.

제54조 : 말기 전에 [예산안의 심의 · 확정, 준 예산] 한다.

국회는 국가의 예산안을 심의·확정

한다.

정부는 회계연도마다 예산안을 편성하

여 회계연도 개시 90일 전까지 국회에

제출하고, 국회는 회계연도 개시 30일

글자 선 따라 볼펜 글씨 쓰기[63]

아래 조문 내용을 흐린 글자 선 따라 볼펜으로 빠르고 바르게 쓰고 나서
빈칸에 다시 한 번 써서 글씨체를 교정해 보세요.

전까지 이를 의결하여야 한다.

새로운 회계연도가 개시될 때까지 예산

안이 의결되지 못한 때에는 정부는 국회

에서 예산안이 의결될 때까지 다음의

목적을 위한 경비는 전년도 예산에 준

하여 집행할 수 있다.

1. 헌법이나 법률에 의하여 설치된 기관

헌법의 조문 · 글자 선 따라 볼펜 글씨 쓰기[64]

아래 조문 내용을 흐린 글자 선 따라 볼펜으로 빠르고 바르게 쓰고 나서
빈칸에 다시 한 번 써서 글씨체를 교정해 보세요.

또는 시설의 유지·운영

2 법률상 지출의무의 이행

3. 이미 예산으로 승인된 사업의 계속

제55조 : 맘대로 지출 못하는 [계속비·예비비]는 국회 결의를 얻어야 한다.

한 회계연도를 넘어 계속하여 지출할

필요가 있을 때에는 정부는 연한을 정

하여 계속비로서 국회의 의결을 얻어야

아래 조문 내용을 흐린 글자 선 따라 볼펜으로 빠르고 바르게 쓰고 나서
빈칸에 다시 한 번 써서 글씨체를 교정해 보세요.

한다.

예비비는 총액으로 국회의 의결을 얻어

야 한다. 예비비의 지출은 차기국회의

승인을 얻어야 한다.

제56조 : 미비할 때에는 [추가경정예산]을 편성하다.

정부는 예산에 변경을 가할 필요가 있

을 때에는 추가경정예산안을 편성하여

아래 조문 내용을 흐린 글자 선 따라 볼펜으로 빠르고 바르게 쓰고 나서
빈칸에 다시 한 번 써서 글씨체를 교정해 보세요.

국회에 제출할 수 있다.

제57조 : 못 설치 [지출예산 각항의 증액과 새 비목의 설치 금지]하다.

국회는 정부의 동의 없이 정부가 제출한

지출예산 각항의 금액을 증가하거나 새

비목을 설치할 수 없다.

제58조 : 망하기 전에 [국채 모집 등에 대한 의결권]을 하다.

국채를 모집하거나 예산 외에 국가의

아래 조문 내용을 흐린 글자 선 따라 볼펜으로 빠르고 바르게 쓰고 나서
빈칸에 다시 한 번 써서 글씨체를 교정해 보세요.

부담이 될 계약을 체결하려 할 때에는

정부는 미리 국회의 의결을 얻어야 한다.

제59조 : 맞추어 [조세의 종목과 세율]을 정하다.

조세의 종목과 세율은 법률로 정한다.

제60조 : 배치 후 [조약 · 선전포고 등에 대한 동의]를 얻다.

국회는 상호원조 또는 안전보장에 관한

조약, 중요한 국제조직에 관한 조약,

헌법의
조문

글자 선 따라 볼펜 글씨 쓰기[68]

아래 조문 내용을 흐린 글자 선 따라 볼펜으로 빠르고 바르게 쓰고 나서
빈칸에 다시 한 번 써서 글씨체를 교정해 보세요.

우호통상항해조약, 주권의 제약에

관한 조약, 강화조약, 국가나 국민에게

중대한 재정적 부담을 지우는 조약 또

는 입법사항에 관한 조약의 체결·비준

에 대한 동의권을 가진다.

국회는 선전포고, 국군의 외국에의

파견 또는 외국군대의 대한민국 영역

글자 선 따라 볼펜 글씨 쓰기[69]

아래 조문 내용을 흐린 글자 선 따라 볼펜으로 빠르고 바르게 쓰고 나서
빈칸에 다시 한 번 써서 글씨체를 교정해 보세요.

안에서의 주록에 대한 동의권을 가진다.

제61조 : 북풍사건으로 [국정에 관한 감사·조사권]이 있다.

국회는 국정을 감사하거나 특정한 국정

사안에 대하여 조사할 수 있으며, 이에

필요한 서류의 제출 또는 증인의 출석

과 증언이나 의견의 진술을 요구할 수

있다.

헌법의 조문

글자 선 따라 볼펜 글씨 쓰기[70]

아래 조문 내용을 흐린 글자 선 따라 볼펜으로 빠르고 바르게 쓰고 나서
빈칸에 다시 한 번 써서 글씨체를 교정해 보세요.

국정감사 및 조사에 관한 절차 기타

필요한 사항은 법률로 정한다.

제62조 : 반드시 출석 [국무총리 등의 국회출석]해야 한다.

국무총리·국무위원 또는 정부위원은

국회나 그 위원회에 출석하여 국정처리

상황을 보고하거나 의견을 진술하고

질문에 응답할 수 있다.

아래 조문 내용을 흐린 글자 선 따라 볼펜으로 빠르고 바르게 쓰고 나서 빈칸에 다시 한 번 써서 글씨체를 교정해 보세요.

국회나 그 위원회의 요구가 있을 때에

는 국무총리·국무위원 또는 정부위원

은 출석·답변하여야 하며, 국무총리

또는 국무위원이 출석요구를 받은 때

에는 국무위원 또는 정부위원으로 하여

금 출석·답변하게 할 수 있다.

아래 조문 내용을 흐린 글자 선 따라 볼펜으로 빠르고 바르게 쓰고 나서
빈칸에 다시 한 번 써서 글씨체를 교정해 보세요.

제63조 : ~받으면 해임[국무총리 · 국무위원 해임건의권]을 건의하다.

국회는 국무총리 또는 국무위원의

해임을 대통령에게 건의할 수 있다.

제1항의 해임건의는 국회 재적의원 3분

의 1 이상의 발의에 의하여 국회 재적

의원　과반수의 찬성이 있어야 한다.

제64조 : 발동은 [국회의 자율권]이 발동된다.

국회는 법률에 저촉되지 아니하는 범위

글자 선 따라 볼펜 글씨 쓰기[73]

아래 조문 내용을 흐린 글자 선 따라 볼펜으로 빠르고 바르게 쓰고 나서
빈칸에 다시 한 번 써서 글씨체를 교정해 보세요.

안에서 의사와 내부규율에 관한 규칙을

제정할 수 있다.

국회는 의원의 자격을 심사하며, 의원

을 징계할 수 있다.

의원을 제명하려면 국회 재적의원 3분

의 2 이상의 찬성이 있어야 한다.

아래 조문 내용을 흐린 글자 선 따라 볼펜으로 빠르고 바르게 쓰고 나서
빈칸에 다시 한 번 써서 글씨체를 교정해 보세요.

제2항과 제3항의 처분에 대하여는 법

원에 제소할 수 없다.

제65조 : 범죄시 [탄핵소추권과 그 결정의 효력]이 있다.

대통령·국무총리·국무위원·행정각

부의 장·헌법재판소 재판관·법관·

중앙선거관리위원회 위원·감사원장·

감사위원 기타 법률이 정한 공무원이

아래 조문 내용을 흐린 글자 선 따라 볼펜으로 빠르고 바르게 쓰고 나서
빈칸에 다시 한 번 써서 글씨체를 교정해 보세요.

그 직무집행에 있어서 헌법이나 법률을

위배한 때에는 국회는 탄핵의 소추를

의결할 수 있다.

제1항의 탄핵소추는 국회 재적의원 3분

의 1 이상의 발의가 있어야 하며, 그

의결은 국회재적의원 과반수의 찬성이

있어야 한다. 다만, 대통령에 대한 탄핵

헌법의
조문

글자 선 따라 볼펜 글씨 쓰기[76]

아래 조문 내용을 흐린 글자 선 따라 볼펜으로 빠르고 바르게 쓰고 나서
빈칸에 다시 한 번 써서 글씨체를 교정해 보세요.

소추는 국회 재적의원 과반수의 발의와

국회 재적의원 3분의 2 이상의 찬성이

있어야 한다.

탄핵소추의 의결을 받은 자는 탄핵심판

이 있을 때까지 그 권한행사가 정지

된다.

탄핵결정은 공직으로부터 파면함에 그

글자 선 따라 볼펜 글씨 쓰기[77]

아래 조문 내용을 흐린 글자 선 따라 볼펜으로 빠르고 바르게 쓰고 나서
빈칸에 다시 한 번 써서 글씨체를 교정해 보세요.

친다.

그러나, 이에 의하여 민사상이나 형사

상의 책임이 면제되지는 아니한다.

제4장 정부
제1절 대통령
제66조 : 법에 의해 선출된 [대통령의 지위 · 책무 · 행정권]이 있다.

대통령은 국가의 원수이며, 외국에

대하여 국가를 대표한다.

헌법의 조문

글자 선 따라 볼펜 글씨 쓰기[78]

아래 조문 내용을 흐린 글자 선 따라 볼펜으로 빠르고 바르게 쓰고 나서
빈칸에 다시 한 번 써서 글씨체를 교정해 보세요.

대통령은 국가의 독립·영토의 보전·

국가의 계속성과 헌법을 수호할 책무를

진다.

대통령은 조국의 평화적 통일을 위한

성실한 의무를 진다.

행정권은 대통령을 수반으로 하는 정부

헌법의 조문
글자 선 따라 볼펜 글씨 쓰기[79]

아래 조문 내용을 흐린 글자 선 따라 볼펜으로 빠르고 바르게 쓰고 나서
빈칸에 다시 한 번 써서 글씨체를 교정해 보세요.

에 속한다.

제67조 : 보수적인 사람으로 [대통령 선거 · 피선거권]로 선출하다.

대통령은 국민의 보통·평등·직접·

비밀선거에 의하여 선출한다.

제1항의 선거에 있어서 최고득표자가

2인 이상인 때에는 국회의 재적의원

과반수가 출석한 공개회의에서 다수표

글자 선 따라 볼펜 글씨 쓰기[80]

아래 조문 내용을 흐린 글자 선 따라 볼펜으로 빠르고 바르게 쓰고 나서
빈칸에 다시 한 번 써서 글씨체를 교정해 보세요.

를 얻은 자를 당선자로 한다.

대통령후보자가 1인일 때에는 그 득표

수가 선거권자 총수의 3분의 1 이상이

아니면 대통령으로 당선될 수 없다.

대통령으로 선거될 수 있는 자는 국회

의원의 피선거권이 있고 선거일 현재

글자 선 따라 볼펜 글씨 쓰기[81]

아래 조문 내용을 흐린 글자 선 따라 볼펜으로 빠르고 바르게 쓰고 나서
빈칸에 다시 한 번 써서 글씨체를 교정해 보세요.

40세에 달하여야 한다.

대통령의 선거에 관한 사항은 법률로

정한다.

제68조 : 방법을 모색하여 [대통령선거의 시기 · 보궐선거]에 후임자를 선거한다.

대통령의 임기가 만료되는 때에는 임기

만료 70일 내지 40일 전에 후임자를

선거한다.

아래 조문 내용을 흐린 글자 선 따라 볼펜으로 빠르고 바르게 쓰고 나서
빈칸에 다시 한 번 써서 글씨체를 교정해 보세요.

대통령이 궐위된 때 또는 대통령 당선

자가 사망하거나 판결 기타의 사유로

그 자격을 상실한 때에는 60일 이내에

후임자를 선거한다.

제69조 : 보좌관을 [대통령의 취임선서]가 끝나고 선출하다.

대통령은 취임에 즈음하여 다음의 선서

를 한다.

아래 조문 내용을 흐린 글자 선 따라 볼펜으로 빠르고 바르게 쓰고 나서
빈칸에 다시 한 번 써서 글씨체를 교정해 보세요.

"나는 헌법을 준수하고 국가를 보위하며

조국의 평화적 통일과 국민의 자유와

복리의 증진 및 민족문화의 창달에 노력

하여 대통령으로서의 직책을 성실히

수행할 것을 국민 앞에 엄숙히 선서

합니다."

글자 선 따라 볼펜 글씨 쓰기[84]

아래 조문 내용을 흐린 글자 선 따라 볼펜으로 빠르고 바르게 쓰고 나서 빈칸에 다시 한 번 써서 글씨체를 교정해 보세요.

제70조 : 수칙되어 있는 [대통령의 임기]는 5년이다.

대통령의 임기는 5년으로 하며,

중임할 수 없다.

제71조 : 사고 시 [대통령의 권한대행]을 하다.

대통령이 궐위되거나 사고로 인하여 직

무를 수행할 수 없을 때에는 국무총리,

법률이 정한 국무위원의 순서로 그

권한을 대행한다.

아래 조문 내용을 흐린 글자 선 따라 볼펜으로 빠르고 바르게 쓰고 나서
빈칸에 다시 한 번 써서 글씨체를 교정해 보세요.

제72조 : 손수 [중요 정책의 국민투표]를 하다.

대통령은 필요하다고 인정할 때에는

외교·국방·통일 기타 국가안위에 관한

중요 정책을 국민투표에 붙일 수 있다.

제73조 : 수다떨 듯이 [외교에 관한 대통령의 권한] 선전포고를 하다.

대통령은 조약을 체결·비준하고

외교사절을 신임·접수 또는 파견하며,

선전포고와 강화를 한다.

아래 조문 내용을 흐린 글자 선 따라 볼펜으로 빠르고 바르게 쓰고 나서
빈칸에 다시 한 번 써서 글씨체를 교정해 보세요.

제74조 : 사령관도 [국군의 통수 · 조직과 편성] 대통령이 통수한다.

대통령은 헌법과 법률이 정하는 바에

의하여 국군을 통수한다.

국군의 조직과 편성은 법률로 정한다.

제75조 : 서명은 [대통령령]이 있을 때 서명하다.

대통령은 법률에서 구체적으로 범위를

정하여 위임받은 사항과 법률을 집행하

기 위하여 필요한 사항에 관하여 대통

아래 조문 내용을 흐린 글자 선 따라 볼펜으로 빠르고 바르게 쓰고 나서
빈칸에 다시 한 번 써서 글씨체를 교정해 보세요.

령령을 발할 수 있다.

제76조 : 사변 시에 [긴급처분 · 명령권]을 발할 수 있다.

대통령은 내우 · 외환 · 천재 · 지변 또는

중대한 재정 · 경제상의 위기에 있어서

국가의 안전보장 또는 공공의 안녕

질서를 유지하기 위하여 긴급한 조치가

필요하고 국회의 집회를 기다릴 여유가

헌법의 조문

글자 선 따라 볼펜 글씨 쓰기[88]

아래 조문 내용을 흐린 글자 선 따라 볼펜으로 빠르고 바르게 쓰고 나서
빈칸에 다시 한 번 써서 글씨체를 교정해 보세요.

없을 때에 한하여 최소한으로 필요한

재정·경제상의 처분을 하거나 이에

관하여 법률의 효력을 가지는 명령을

발할 수 있다.

대통령은 국가의 안위에 관계되는 중대

한 교전상태에 있어서 국가를 보위하기

위하여 긴급한 조치가 필요하고 국회의

글자 선 따라 볼펜 글씨 쓰기[89]

아래 조문 내용을 흐린 글자 선 따라 볼펜으로 빠르고 바르게 쓰고 나서
빈칸에 다시 한 번 써서 글씨체를 교정해 보세요.

집회가 불가능한 때에 한하여 법률의

효력을 가지는 명령을 발할 수 있다.

대통령은 제1항과 제2항의 처분 또는

명령을 한 때에는 지체없이 국회에

보고하여 그 승인을 얻어야 한다.

제3항의 승인을 얻지 못한 때에는 그

헌법의 조문

글자 선 따라 볼펜 글씨 쓰기[90]

아래 조문 내용을 흐린 글자 선 따라 볼펜으로 빠르고 바르게 쓰고 나서
빈칸에 다시 한 번 써서 글씨체를 교정해 보세요.

처분 또는 명령은 그때부터 효력을

상실한다.

이 경우 그 명령에 의하여 개정 또는

폐지되었던 법률은 그 명령이 승인을

얻지 못한 때부터 당연히 효력을 회복

한다.

대통령은 제3항과 제4항의 사유를

글자 선 따라 볼펜 글씨 쓰기[91]

아래 조문 내용을 흐린 글자 선 따라 볼펜으로 빠르고 바르게 쓰고 나서
빈칸에 다시 한 번 써서 글씨체를 교정해 보세요.

지체없이 공포하여야 한다.

제77조 : 사수하다. [계엄선포 등]이 있을 때 국가를 사수하다.

대통령은 전시·사변 또는 이에 준하는

국가비상사태에 있어서 병력으로써

군사상의 필요에 응하거나 공공의 안녕

질서를 유지할 필요가 있을 때에는 법률

이 정하는 바에 의하여 계엄을 선포할

헌법의 조문

글자 선 따라 볼펜 글씨 쓰기[92]

아래 조문 내용을 흐린 글자 선 따라 볼펜으로 빠르고 바르게 쓰고 나서
빈칸에 다시 한 번 써서 글씨체를 교정해 보세요.

수 있다.

계엄은 비상계엄과 경비계엄으로 한다.

비상계엄이 선포될 때에는 법률이 정하

는 바에 의하여 영장제도, 언론·출판·

집회·결사의 자유, 정부나 법원의

권한에 관하여 특별한 조치를 할 수

글자 선 따라 볼펜 글씨 쓰기[93]

아래 조문 내용을 흐린 글자 선 따라 볼펜으로 빠르고 바르게 쓰고 나서
빈칸에 다시 한 번 써서 글씨체를 교정해 보세요.

있다.

계엄을 선포한 때에는 대통령은 지체없

이 국회에 통고하여야 한다.

국회가 재적의원 과반수의 찬성으로

계엄의 해제를 요구한 때에는 대통령은

이를 해제하여야 한다.

글자 선 따라 볼펜 글씨 쓰기[94]

아래 조문 내용을 흐린 글자 선 따라 볼펜으로 빠르고 바르게 쓰고 나서
빈칸에 다시 한 번 써서 글씨체를 교정해 보세요.

제78조 : 상위권의 사람으로 [공무원 임면권]을 임명한다.

대통령은 헌법과 법률이 정하는 바에

의하여 공무원을 임면한다.

제79조 : 사죄하면 [사면권·감형·복권]이 있는 대통령이 명할 수 있다.

대통령은 법률이 정하는 바에 의하여

사면·감형 또는 복권을 명할 수 있다.

일반사면을 명하려면 국회의 동의를

얻어야 한다.

헌법의 조문

글자 선 따라 볼펜 글씨 쓰기[95]

아래 조문 내용을 흐린 글자 선 따라 볼펜으로 빠르고 바르게 쓰고 나서
빈칸에 다시 한 번 써서 글씨체를 교정해 보세요.

사면·감형 및 복권에 관한 사항을

법률로 정한다.

제80조 : 이치에 맞게 [영전수여권] 있는 대통령이 수여한다.

대통령은 법률이 정하는 바에 의하여

훈장 기타의 영전을 수여한다.

제81조 : 의견 있으면 [국회에 대한 의사표시]를 대통령이 하다.

대통령은 국회에 출석하여 발언하거나

헌법의 조문 글자 선 따라 볼펜 글씨 쓰기[96]

아래 조문 내용을 흐린 글자 선 따라 볼펜으로 빠르고 바르게 쓰고 나서 빈칸에 다시 한 번 써서 글씨체를 교정해 보세요.

서한으로 의결을 표시할 수 있다.

제82조 : 완벽하게 [국법상 행위의 요건]을 문서로 한다.

대통령의 국법상 행위는 문서로써 하며,

이 문서에는 국무총리와 관계 국무

위원이 부서한다.

군사에 관한 것도 또한 같다.

글자 선 따라 볼펜 글씨 쓰기[97]

헌법의 조문

아래 조문 내용을 흐린 글자 선 따라 볼펜으로 빠르고 바르게 쓰고 나서
빈칸에 다시 한 번 써서 글씨체를 교정해 보세요.

제83조 : 야단난다. [겸직금지]를 지켜야 한다.

대통령은 국무총리·국무위원·행정각

부의 장 기타 법률이 정하는 공사의 직

을 겸할 수 없다.

제84조 : 알아 모심 [형사상 특권] 대통령은 소추 받지 아니한다.

대통령은 내란 또는 외환의 죄를 범한

경우를 제외하고는 재직 중 형사상의

소추를 받지 아니한다.

글자 선 따라 볼펜 글씨 쓰기[98]

아래 조문 내용을 흐린 글자 선 따라 볼펜으로 빠르고 바르게 쓰고 나서
빈칸에 다시 한 번 써서 글씨체를 교정해 보세요.

제85조 : 엄격하게 엄호 [전직대통령의 신분과 예우]를 하다.

전직대통령의 신분과 예우에 관하여는

법률로 정한다.

제2절 행정부
제1관 국무총리와 국무위원
제86조 : 압도적인 동의를 얻어 [국무총리]에 임명한다.

국무총리는 국회의 동의를 얻어 대통령

이 임명한다.

국무총리는 대통령을 보좌하며, 행정에

아래 조문 내용을 흐린 글자 선 따라 볼펜으로 빠르고 바르게 쓰고 나서
빈칸에 다시 한 번 써서 글씨체를 교정해 보세요.

관하여 대통령의 명을 받아 행정각부를

통할한다.

군인은 현역을 면한 후가 아니면 국무

총리로 임명될 수 없다.

제87조 : 우수한 사람으로 [국무위원]을 임명한다.

국무위원은 국무총리의 제청으로

대통령이 임명한다.

헌법의 조문

글자 선 따라 볼펜 글씨 쓰기[100]

아래 조문 내용을 흐린 글자 선 따라 볼펜으로 빠르고 바르게 쓰고 나서
빈칸에 다시 한 번 써서 글씨체를 교정해 보세요.

국무위원은 국정에 관하여 대통령을

보좌하며, 국무회의의 구성원으로서

국정을 심의한다.

국무총리는 국무위원의 해임을 대통령

에게 건의할 수 있다.

군인은 현역을 면한 후가 아니면 국무

글자 선 따라 볼펜 글씨 쓰기[101]

아래 조문 내용을 흐린 글자 선 따라 볼펜으로 빠르고 바르게 쓰고 나서
빈칸에 다시 한 번 써서 글씨체를 교정해 보세요.

위원으로 임명될 수 없다.

제2관 국무회의
제88조 : 왕처럼 국무회의에서 [권한, 구성]을 하다.

국무회의는 정부의 권한에 속하는 중요

한 정책을 심의한다.

국무회의는 대통령·국무총리와 15인

이상 30인 이하의 국무위원으로 구성

한다.

헌법의 조문

글자 선 따라 볼펜 글씨 쓰기[102]

아래 조문 내용을 흐린 글자 선 따라 볼펜으로 빠르고 바르게 쓰고 나서
빈칸에 다시 한 번 써서 글씨체를 교정해 보세요.

대통령은 국무회의의 의장이 되고

국무총리는 부의장이 된다.

제89조 : 아주 중요한 [심의사항]은 국무회의를 거쳐야 한다.

다음 사항은 국무회의의 심의를 거쳐야

한다.

1.국정의 기본계획과 정부의 일반정책

2.선전·강화 기타 중요한 대외정책

헌법의
조문

글자 선 따라 볼펜 글씨 쓰기[103]

아래 조문 내용을 흐린 글자 선 따라 볼펜으로 빠르고 바르게 쓰고 나서
빈칸에 다시 한 번 써서 글씨체를 교정해 보세요.

3. 헌법개정안·국민투표안·조약안·

법률안 및 대통령령안

4. 예산안·결산·국유재산처분의 기본

계획·국가의 부담이 될 계약 기타

재정에 관한 중요사항

5. 대통령의 긴급명령·긴급재정경제

처분 및 명령 또는 계엄과 그 해제

글자 선 따라 볼펜 글씨 쓰기[104]

아래 조문 내용을 흐린 글자 선 따라 볼펜으로 빠르고 바르게 쓰고 나서
빈칸에 다시 한 번 써서 글씨체를 교정해 보세요.

6. 국사에 관한 중요사항

7. 국회의 임시회 집회의 요구

8. 영전수여

9. 사면·감형과 복권

10. 행정각부간의 권한의 획정

11. 정부 안의 권한의 위임 또는 배정에

　　 관한 기본계획

글자 선 따라 볼펜 글씨 쓰기[105]

아래 조문 내용을 흐린 글자 선 따라 볼펜으로 빠르고 바르게 쓰고 나서
빈칸에 다시 한 번 써서 글씨체를 교정해 보세요.

12. 국정처리상황의 평가·분석

13. 행정각부의 중요한 정책의 수립과

　　조정

14. 정당해산의 제소

15. 정부에 제출 또는 회부된 정부의

　　정책에 관계되는 청원의 심사

16. 검찰총장·합동참모의장·각군

아래 조문 내용을 흐린 글자 선 따라 볼펜으로 빠르고 바르게 쓰고 나서
빈칸에 다시 한 번 써서 글씨체를 교정해 보세요.

참모총장·국립대학교총장·대사 기타

법률이 정한 공무원과 국영기업체관리

자의 임명

17. 기타 대통령·국무총리 또는 국무

위원이 제출한 사항

제90조 : 자치적으로 [국가원로자문회의]에 모이다.

국정의 중요한 사항에 관한 대통령의

아래 조문 내용을 흐린 글자 선 따라 볼펜으로 빠르고 바르게 쓰고 나서
빈칸에 다시 한 번 써서 글씨체를 교정해 보세요.

자문에 응하기 위하여 국가원로로 구성

되는 국가원로자문회의를 둘 수 있다.

국가원로자문회의의 의장은 직전대통

령이 된다. 다만, 직전대통령이 없을

때에는 대통령이 지명한다.

국가원로자문회의의 조직·직무범위

아래 조문 내용을 흐린 글자 선 따라 볼펜으로 빠르고 바르게 쓰고 나서
빈칸에 다시 한 번 써서 글씨체를 교정해 보세요.

기타 필요한 사항은 법률로 정한다.

제91조 : 죽도록 지킬 안전 [국가안전보장회의]에 참석하다.

국가안전보장에 관련되는 대외정책·

군사정책과 국내정책의 수립에 관하여

국무회의의 심의에 앞서 대통령의 자문

에 응하기 위하여 국가안전보장회의를

둔다.

글자 선 따라 볼펜 글씨 쓰기[109]

아래 조문 내용을 흐린 글자 선 따라 볼펜으로 빠르고 바르게 쓰고 나서 빈칸에 다시 한 번 써서 글씨체를 교정해 보세요.

국가안전보장회의는 대통령이 주재

한다.

국가안전보장회의의 조직·직무범위

기타 필요한 사항은 법률로 정한다.

제92조 : 준비해야 하는 평화통일은 [민주평화통일자문회의]가 있다.

평화통일정책의 수립에 관한 대통령의

자문에 응하기 위하여 민주평화통일

헌법의 조문

글자 선 따라 볼펜 글씨 쓰기[110]

아래 조문 내용을 흐린 글자 선 따라 볼펜으로 빠르고 바르게 쓰고 나서
빈칸에 다시 한 번 써서 글씨체를 교정해 보세요.

자문회의를 둘 수 있다.

민주평화통일자문회의의 조직·직무

범위 기타 필요한 사항은 법률로

정한다.

제93조 : 주도하는 [국민경제자문회의]가 국민경제를 주도하다.

국민경제의 발전을 위한 중요정책의

수립에 관하여 대통령의 자문에 응하기

아래 조문 내용을 흐린 글자 선 따라 볼펜으로 빠르고 바르게 쓰고 나서
빈칸에 다시 한 번 써서 글씨체를 교정해 보세요.

위하여 국민경제자문회의를 둘 수 있다.

국민경제자문회의의 조직·직무범위

기타 필요한 사항은 법률로 정한다.

제3관 행정각부

제94조 : 잘난 사람으로 [행정각부의 장]을 임명한다.

행정각부의 장은 국무위원 중에서 국무

총리의 제청으로 대통령이 임명한다.

헌법의 조문

글자 선 따라 볼펜 글씨 쓰기[112]

아래 조문 내용을 흐린 글자 선 따라 볼펜으로 빠르고 바르게 쓰고 나서 빈칸에 다시 한 번 써서 글씨체를 교정해 보세요.

제95조 : 잠자는 사람 있으면 [총리령, 부령]을 발하다.

국무총리 또는 행정각부의 장은 소관사

무에 관하여 법률이나 대통령령의 위임

또는 직권으로 총리령 또는 부령을 발

할 수 있다.

제96조 : 잡고 가다. [행정 각부의 설치 · 조직과 직무 범위]를 총리가 잡고 간다.

행정각부의 설치 · 조직과 직무범위는

법률로 정한다.

제4관 감사원

제97조 : 조사할 수 있는 감사원의 [직무와 소속]은 대통령의 소속하에 있다.

국가의 세입·세출의 결산, 국가 및

법률이 정한 단체의 회계검사와 행정

기관 및 공무원의 직무에 관한 감찰을

하기 위하여 대통령 소속하에 감사원

을 둔다.

제98조 : 장을 포함하여 정확한 사람으로 [구성]한 정원은 <u>무국만 먹는다.</u>

감사원은 원장을 포함한 5인 이상 11인

글자 선 따라 볼펜 글씨 쓰기[114]

아래 조문 내용을 흐린 글자 선 따라 볼펜으로 빠르고 바르게 쓰고 나서
빈칸에 다시 한 번 써서 글씨체를 교정해 보세요.

이하의 감사위원으로 구성한다.

원장은 국회의 동의를 얻어 대통령이

임명하고, 그 임기는 4년으로 하며,

1차에 한하여 중임할 수 있다.

감사위원은 원장의 제청으로 대통령이

임명하고, 그 임기는 4년으로 하며,

헌법의 조문

글자 선 따라 볼펜 글씨 쓰기[115]

아래 조문 내용을 흐린 글자 선 따라 볼펜으로 빠르고 바르게 쓰고 나서
빈칸에 다시 한 번 써서 글씨체를 교정해 보세요.

1차에 한하여 중임할 수 있다.

제99조 : 자정 넘어 차년에 [결산의 검사와 보고]를 한다.

감사원은 세입·세출의 결산을 매년

검사하여 대통령과 차년도 국회에 그

결과를 보고하여야 한다.

제100조 : 백그라운드(배경)을 믿고 [감사원의 조직 · 직무범위 등]와 자격을 정하다.

감사원의 조직·직무범위·감사위원의

헌법의
조문

글자 선 따라 볼펜 글씨 쓰기[116]

아래 조문 내용을 흐린 글자 선 따라 볼펜으로 빠르고 바르게 쓰고 나서
빈칸에 다시 한 번 써서 글씨체를 교정해 보세요.

자격·감사대상공무원의 범위 기타

필요한 사항은 법률로 정한다.

제5장 법원
제101조 : 백기는 [사법권 · 법원의 조직 · 법관의 자격] 법원에 순종을 뜻한다.

사법권은 법관으로 구성된 법원에 속

한다.

법원은 최고법원인 대법원과 각급법원

으로 조직된다.

글자 선 따라 볼펜 글씨 쓰기[117]

아래 조문 내용을 흐린 글자 선 따라 볼펜으로 빠르고 바르게 쓰고 나서
빈칸에 다시 한 번 써서 글씨체를 교정해 보세요.

법관의 자격은 법률로 정한다.

제102조 : 백날, 백조의 날개처럼 [대법원]에 대법관은 청렴하다.

대법원에 부를 둘 수 있다.

대법원에 대법관을 둔다.

다만, 법률이 정하는 바에 의하여

대법관이 아닌 법관을 둘 수 있다.

글자 선 따라 볼펜 글씨 쓰기[118]

아래 조문 내용을 흐린 글자 선 따라 볼펜으로 빠르고 바르게 쓰고 나서
빈칸에 다시 한 번 써서 글씨체를 교정해 보세요.

대법원과 각급법원의 조직은 법률로 정

한다.

제103조 : 백두장사 씨름 때 [법관의 독립]하여 심판한다.

법관은 헌법과 법률에 의하여 그 양심

에 따라 독립하여 심판한다.

제104조 : 백화수복으로 [대법원장·대법관의 임명]식 때 축하 파티를 하다.

대법원장은 국회의 동의를 얻어 대통령

헌법의
조문

글자 선 따라 볼펜 글씨 쓰기[119]

아래 조문 내용을 흐린 글자 선 따라 볼펜으로 빠르고 바르게 쓰고 나서
빈칸에 다시 한 번 써서 글씨체를 교정해 보세요.

이 임명한다.

대법관은 대법원장의 제청으로 국회의

동의를 얻어 대통령이 임명한다.

대법원장과 대법관이 아닌 법관은 대법

관회의의 동의를 얻어 대법원장이 임명

한다.

헌법의 조문

글자 선 따라 볼펜 글씨 쓰기[120]

아래 조문 내용을 흐린 글자 선 따라 볼펜으로 빠르고 바르게 쓰고 나서
빈칸에 다시 한 번 써서 글씨체를 교정해 보세요.

제105조 : 백마부대 근무하는 법관 [법관의 임기 · 연임 · 정년]은 6년이다.

대법원장의 임기는 6년으로 하며, 중임

할 수 없다.

대법관의 임기는 6년으로 하며, 법률이

정하는 바에 의하여 연임할 수 있다.

대법원장과 대법관이 아닌 법관의 임기

는 10년으로 하며, 법률이 정하는 바에

아래 조문 내용을 흐린 글자 선 따라 볼펜으로 빠르고 바르게 쓰고 나서
빈칸에 다시 한 번 써서 글씨체를 교정해 보세요.

의하여 연임할 수 있다.

법관의 정년은 법률로 정한다.

제106조 : 백배 좋은 직업은 [법관의 신분보장]이다.

법관은 탄핵 또는 금고 이상의 형의 선

고에 의하지 아니하고는 파면되지 아니

하며, 징계처분에 의하지 아니하고는

정직·감봉 기타 불리한 처분을 받지

아래 조문 내용을 흐린 글자 선 따라 볼펜으로 빠르고 바르게 쓰고 나서
빈칸에 다시 한 번 써서 글씨체를 교정해 보세요.

아니한다.

법관이 중대한 심신상의 장해로 직무를

수행할 수 없을 때에는 법률이 정하는

바에 의하여 퇴직하게 할 수 있다.

제107조 : 백사장에서 [법률의 위헌제청, 대법원의 명령 등 심사권·행정심판]을 하다.

법률이 헌법에 위반되는 여부가 재판

의 전제가 될 경우에는 법원은 헌법

아래 조문 내용을 흐린 글자 선 따라 볼펜으로 빠르고 바르게 쓰고 나서
빈칸에 다시 한 번 써서 글씨체를 교정해 보세요.

재판소에 제청하여 그 심판에 의하여

재판한다.

명령·규칙 또는 처분이 헌법이나 법률

에 위반되는 여부가 재판의 전제가 된

경우에는 대법원은 이를 최종적으로

심사할 권한을 가진다.

재판의 전심절차로서 행정심판을 할 수

있다. 행정심판의 절차는 법률로 정하되,

사법절차가 준용되어야 한다.

제108조 : 백의종군으로 [대법원의 규칙제정권]에 따른다.

대법원은 법률에서 저축되지 아니하는

범위 안에서 소송에 관한 절차, 법원의

내부규율과 사무처리에 관한 규칙을

제정할 수 있다.

아래 조문 내용을 흐린 글자 선 따라 볼펜으로 빠르고 바르게 쓰고 나서
빈칸에 다시 한 번 써서 글씨체를 교정해 보세요.

제109조 : 백주대낮에 [재판공개의 원칙]을 정하다.

재판의 심리와 판결은 공개한다. 다만,

심리는 국가의 안전보장 또는 안녕질서

를 방해하거나 선량한 풍속을 해할

염려가 있을 때에는 법원의 결정으로

공개하지 아니할 수 있다.

제110조 : 객차 안이 군사법원이라 [군사재판]을 하다.

군사재판을 관할하기 위하여 특별법원

헌법의 조문

글자 선 따라 볼펜 글씨 쓰기[126]

아래 조문 내용을 흐린 글자 선 따라 볼펜으로 빠르고 바르게 쓰고 나서
빈칸에 다시 한 번 써서 글씨체를 교정해 보세요.

으로서 군사법원을 둘 수 있다.

군사법원의 상고심은 대법원에서 관할

한다.

군사법원의 조직·권한 및 재판관의

자격은 법률로 정한다.

비상계엄하의 군사재판은 군인·군무

헌법의 조문

글자 선 따라 볼펜 글씨 쓰기[127]

아래 조문 내용을 흐린 글자 선 따라 볼펜으로 빠르고 바르게 쓰고 나서
빈칸에 다시 한 번 써서 글씨체를 교정해 보세요.

원의 범죄나 군사에 관한 간첩죄의

경우와 초병·초소·유독음식물공급·

초로에 관한 죄중 법률이 정한 경우에

한하여 단심으로 할 수 있다. 다만,

사형을 선고한 경우에는 그러하지 아니

하다.

아래 조문 내용을 흐린 글자 선 따라 볼펜으로 빠르고 바르게 쓰고 나서
빈칸에 다시 한 번 써서 글씨체를 교정해 보세요.

제6장 헌법재판소
제111조 : 국기가 꽂혀 있는 곳[헌법재판소의 권한 · 구성]이
　　　　　헌법재판소이다.

헌법재판소는 다음 사항을 관장한다.

1.법원의 제청에 의한 법률의 위헌

　여부 심판

2.탄핵의 심판

3.정당의 해산 심판

4.국가기관 상호간, 국가기관과 지방자

　치단체간 및 지방자치단체 상호간의

아래 조문 내용을 흐린 글자 선 따라 볼펜으로 빠르고 바르게 쓰고 나서
빈칸에 다시 한 번 써서 글씨체를 교정해 보세요.

권한쟁의에 관한 심판

5. 법률이 정하는 헌법소원에 관한 심판

헌법재판소는 법관의 자격을 가진 9인

의 재판관으로 구성하며, 재판관을

대통령이 임명한다.

제2항의 재판관 중 3인을 국회에서

헌법의 조문 글자 선 따라 볼펜 글씨 쓰기[130]

아래 조문 내용을 흐린 글자 선 따라 볼펜으로 빠르고 바르게 쓰고 나서
빈칸에 다시 한 번 써서 글씨체를 교정해 보세요.

선출하는 자를, 3인은 대법원장이 지명

하는 자를 임명한다.

헌법재판소의 장은 국회의 동의를 얻어

재판관 중에서 대통령이 임명한다.

제112조 : 국내에서는 6년 [재판관의 임기와 정치관여금지]가 있으며
[신분보장]이 되다.

헌법재판소 재판관의 임기는 6년으로

하며, 법률이 정하는 바에 의하여 연임

글자 선 따라 볼펜 글씨 쓰기[131]

아래 조문 내용을 흐린 글자 선 따라 볼펜으로 빠르고 바르게 쓰고 나서
빈칸에 다시 한 번 써서 글씨체를 교정해 보세요.

할 수 있다.

헌법재판소 재판관은 정당에 가입하거나

정치에 관여할 수 없다.

헌법재판소 재판관은 탄핵 또는 금고

이상의 형의 선고에 의하지 아니하고는

파면되지 아니한다.

헌법의 조문

글자 선 따라 볼펜 글씨 쓰기[132]

아래 조문 내용을 흐린 글자 선 따라 볼펜으로 빠르고 바르게 쓰고 나서
빈칸에 다시 한 번 써서 글씨체를 교정해 보세요.

제113조 : 국도 위 육교에서 [결정정족수 · 재판소 조직운영] 6명이 찬성하다.

헌법재판소에서 법률의 위헌 결정,

탄핵의 결정, 정당해산의 결정 또는

헌법소원에 관한 인용 결정을 할 때에는

재판관 6인 이상의 찬성이 있어야 한다.

헌법재판소는 법률에 저촉되지 아니하

는 범위 안에서 심판에 관한 절차, 내부

규율과 사무처리에 관한 규칙을 제정할

아래 조문 내용을 흐린 글자 선 따라 볼펜으로 빠르고 바르게 쓰고 나서
빈칸에 다시 한 번 써서 글씨체를 교정해 보세요.

수 있다.

헌법재판소의 조직과 운영 기타 필요한

사항은 법률로 정한다.

제7장 선거관리

제114조 : 국회의원의 공정한 선거를 위해 [선거관리위원회]를 둔다.

선거와 국민투표의 공정한 관리 및

정당에 관한 사무를 처리하기 위하여

선거관리위원회를 둔다.

아래 조문 내용을 흐린 글자 선 따라 볼펜으로 빠르고 바르게 쓰고 나서
빈칸에 다시 한 번 써서 글씨체를 교정해 보세요.

중앙선거관리위원회는 대통령이 임명

하는 3인, 국회에서 선출하는 3인과

대법원장이 지명하는 3인의 위원으로

구성한다.

위원장은 위원 중에서 호선한다.

위원의 임기는 6년으로 한다.

글자 선 따라 볼펜 글씨 쓰기[135]

아래 조문 내용을 흐린 글자 선 따라 볼펜으로 빠르고 바르게 쓰고 나서 빈칸에 다시 한 번 써서 글씨체를 교정해 보세요.

위원은 정당에 가입하거나 정치에

관여할 수 없다.

위원은 탄핵 또는 금고 이상의 형의

선고에 의하지 아니하고는 파면되지

아니한다.

중앙선거관리위원회는 법령의 범위

글자 선 따라 볼펜 글씨 쓰기[136]

아래 조문 내용을 흐린 글자 선 따라 볼펜으로 빠르고 바르게 쓰고 나서
빈칸에 다시 한 번 써서 글씨체를 교정해 보세요.

안에서 선거관리·국민투표관리 또는

정당사무에 관한 규칙을 제정할 수 있으

며, 법률에 저촉되지 아니하는 범위

안에서 내부규율에 관한 규칙을 제정할

수 있다.

각급 선거관리위원회의 조직·직무범위

기타 필요한 사항은 법률로 정한다.

글자 선 따라 볼펜 글씨 쓰기[137]

아래 조문 내용을 흐린 글자 선 따라 볼펜으로 빠르고 바르게 쓰고 나서
빈칸에 다시 한 번 써서 글씨체를 교정해 보세요.

제115조 : 국무이므로 [선거관리위원회의] [대행정기관 지시권]에 따라야 한다.

각급 선거관리위원회는 선거인명부의

작성 등 선거사무와 국민투표사무에

관하여 관계 행정기관에 필요한 지시를

할 수 있다.

제1항의 지시를 받은 당해 행정기관은

이에 응하여야 한다.

헌법의 조문

글자 선 따라 볼펜 글씨 쓰기[138]

아래 조문 내용을 흐린 글자 선 따라 볼펜으로 빠르고 바르게 쓰고 나서
빈칸에 다시 한 번 써서 글씨체를 교정해 보세요.

제116조 : 국법에 따라 [선거운동 · 선거경비]를 지출해야 한다.

선거운동은 각급 선거관리위원회의

관리하에 법률이 정하는 범위 안에서

하되, 균등한 기회가 보장되어야 한다.

선거에 관한 경비는 법률이 정하는 경우

를 제외하고는 정당 또는 후보자에게

부담시킬 수 없다.

제8장 지방자치
제117조 : 국사를 [지방자치단체의 자치권 · 종류] 자치적으로 보다.

지방자치단체는 주민의 복리에 관한

사무를 처리하고 재산을 관리하며, 법령

의 범위 안에서 자치에 관한 국정을

제정할 수 있다.

지방자치단체의 종류는 법률로 정한다.

제118조 : 국익을 위한 각오로 [지방자치단체의 조직 · 운영]을 하다.

지방자치단체에 의회를 둘다.

아래 조문 내용을 흐린 글자 선 따라 볼펜으로 빠르고 바르게 쓰고 나서
빈칸에 다시 한 번 써서 글씨체를 교정해 보세요.

지방의회의 조직·권한·의원선거와

지방자치단체의 장의 선임방법 기타

지방자치단체의 조직과 운영에 관한

사항은 법률로 정한다.

제9장 경제
제119조 : 국제시장에 맞추어 [경제질서의 기본 · 경제의 규제 · 조정]을 한다.

대한민국의 경제질서는 개인과 기업의

경제상의 자유와 창의를 존중함을 기본

아래 조문 내용을 흐린 글자 선 따라 볼펜으로 빠르고 바르게 쓰고 나서
빈칸에 다시 한 번 써서 글씨체를 교정해 보세요.

으로 한다.

국가는 균형있는 국민경제의 성장 및

안정과 적정한 소득의 분배를 유지하

고, 시장의 지배와 경제력의 남용을

방지하며, 경제주체간의 조화를 통한

경제의 민주화를 위하여 경제에 관한

국제와 조정을 할 수 있다.

제120조 : 군청에서 간척지개발로 [천연자원의 채취] [개발 등의 특허 · 보호]를 해야 한다.

광물 기타 중요한 지하자원·수산자원·

수력과 경제상 이용할 수 있는 자연력

은 법률이 정하는 바에 의하여 일정한

기간 그 채취·개발 또는 이용을

특허할 수 있다.

국토와 자원은 국가의 보호를 받으며,

국가는 그 균형있는 개발과 이용을

헌법의 조문

글자 선 따라 볼펜 글씨 쓰기[143]

아래 조문 내용을 흐린 글자 선 따라 볼펜으로 빠르고 바르게 쓰고 나서
빈칸에 다시 한 번 써서 글씨체를 교정해 보세요.

위하여 필요한 계획을 수립한다.

제121조 : 군기가 꽂혀 있는 곳에 [농지의 소작금지] [임대차 · 위탁경영]은 인정된다.

국가는 농지에 관하여 경자유전의 원칙

이 달성될 수 있도록 노력하여야 하며,

농지의 소작제도는 금지된다.

농업생산성의 제고와 농지의 합리적인

이용을 위하거나 불가피한 사정으로

헌법의
조문

글자 선 따라 볼펜 글씨 쓰기[144]

아래 조문 내용을 흐린 글자 선 따라 볼펜으로 빠르고 바르게 쓰고 나서
빈칸에 다시 한 번 써서 글씨체를 교정해 보세요.

발생하는 농지의 임대차와 위탁경영을

법률이 정하는 바에 의하여 인정된다.

제122조 : 군내에서 [국토의 이용 등 제한과 의무부과]개발과 보전을 위해 지뢰를 제거한다.

국가는 국민 모두의 생산 및 생활의

기반이 되는 국토의 효율적이고 균형

있는 이용·개발과 보전을 위하여 법률이

정하는 바에 의하여 그에 관한 필요한

글자 선 따라 볼펜 글씨 쓰기[145]

아래 조문 내용을 흐린 글자 선 따라 볼펜으로 빠르고 바르게 쓰고 나서 빈칸에 다시 한 번 써서 글씨체를 교정해 보세요.

제한과 의무를 과할 수 있다.

제123조 : 군대에서 [농 · 어촌 종합개발]과 [중소기업보호 · 육성]에 대민지원을 하다.

국가는 농업 및 어업을 보호·육성하기

위하여 농·어촌종합개발과 그 지원

등 필요한 계획을 수립·시행하여야

한다.

국가는 지역간의 균형있는 발전을 위하

아래 조문 내용을 흐린 글자 선 따라 볼펜으로 빠르고 바르게 쓰고 나서
빈칸에 다시 한 번 써서 글씨체를 교정해 보세요.

여 지역경제를 육성할 의무를 진다.

국가는 중소기업을 보호·육성하여야

한다.

국가는 농수산물의 수급균형과 유통

구조의 개설에 노력하여 가격안정을

도모함으로써 농·어민의 이익을

헌법의
조문

글자 선 따라 볼펜 글씨 쓰기[147]

아래 조문 내용을 흐린 글자 선 따라 볼펜으로 빠르고 바르게 쓰고 나서
빈칸에 다시 한 번 써서 글씨체를 교정해 보세요.

보호한다.

국가는 농·어민과 중소기업의 자조조직

을 육성하여야 하며, 그 자율적 활동과

발전을 보장한다.

제124조 : 군화의 생산품 품질향상을 위해 [소비자보호운동의 보장]하다.

국가는 건전한 소비행위를 계도하고

생산품의 품질향상을 촉구하기 위한

아래 조문 내용을 흐린 글자 선 따라 볼펜으로 빠르고 바르게 쓰고 나서
빈칸에 다시 한 번 써서 글씨체를 교정해 보세요.

소비자보호운동을 법률이 정하는 바에

의하여 보장한다.

제125조 : 군모를 특수하게 만들어 [대외 무역의 육성 · 규제 · 조정]을 하다.

국가는 대외무역을 육성하며, 이를

국제 · 조정할 수 있다.

제126조 : 군부에서 긴절한 필요 외 [사영기업의 국 · 공유화] 또는 [통제 등 금지]를 하다.

국방상 또는 국민경제상 긴절한 필요로

헌법의 조문 글자 선 따라 볼펜 글씨 쓰기[149]

아래 조문 내용을 흐린 글자 선 따라 볼펜으로 빠르고 바르게 쓰고 나서
빈칸에 다시 한 번 써서 글씨체를 교정해 보세요.

인하여 법률이 정하는 경우를 제외하고

는 사영기업을 국유 또는 공유로 이전

하거나 그 경영을 통제 또는 관리할 수

없다.

제127조 : 군사적으로 [과학기술의 혁신]과 [국가표준제도]를 확립하다.

국가는 과학기술의 혁신과 정보 및

인력의 개발을 통하여 국민경제의

197

아래 조문 내용을 흐린 글자 선 따라 볼펜으로 빠르고 바르게 쓰고 나서
빈칸에 다시 한 번 써서 글씨체를 교정해 보세요.

발전에 노력하여야 한다.

국가는 국가표준제도를 확립한다.

대통령은 제1항의 목적을 달성하기

위하여 필요한 자문기구를 둘 수 있다.

제10장 헌법개정
제128조 : 군이 주도하는 [헌법 개정제안권]은 안 된다.

헌법개정은 국회재적의원 과반수 또는

198

아래 조문 내용을 흐린 글자 선 따라 볼펜으로 빠르고 바르게 쓰고 나서
빈칸에 다시 한 번 써서 글씨체를 교정해 보세요.

대통령의 발의로 제안된다.

대통령의 임기연장 또는 중임변경을

위한 헌법개정은 그 헌법개정 제안 당시

의 대통령에 대하여는 효력이 없다.

제129조 : 군주가 [헌법개정안의 공고] 기간은 20일 이상에 공고한다.

제안된 헌법개정안은 대통령이 20일

이상의 기간 이를 공고하여야 한다.

아래 조문 내용을 흐린 글자 선 따라 볼펜으로 빠르고 바르게 쓰고 나서
빈칸에 다시 한 번 써서 글씨체를 교정해 보세요.

제130조 : 기타 침, [헌법개정안의 의결 · 국민투표 · 공포] 후 축하 파티하다.

국회는 헌법개정안이 공고된 날로부터

60일 이내에 의결하여야 하며, 국회의

의결은 재적의원 3분의 2 이상의 찬성

을 얻어야 한다.

헌법개정안은 국회가 의결한 후 30일

이내에 국민투표에 붙여 국회의원선거

권자 과반수의 투표와 투표자 과반수의

아래 조문 내용을 흐린 글자 선 따라 볼펜으로 빠르고 바르게 쓰고 나서 빈칸에 다시 한 번 써서 글씨체를 교정해 보세요.

찬성을 얻어야 한다.

헌법개정안이 제2항의 찬성을 얻은 때

에는 헌법개정은 확정되며, 대통령은

즉시 이를 공포하여야 한다.

부 칙
제1조

이 헌법은 1988년 2월 25일부터 시행

한다.

헌법의 조문

글자 선 따라 볼펜 글씨 쓰기[154]

아래 조문 내용을 흐린 글자 선 따라 볼펜으로 빠르고 바르게 쓰고 나서
빈칸에 다시 한 번 써서 글씨체를 교정해 보세요.

다만, 이 헌법을 시행하기 위하여 필요

한 법률의 제정·개정과 이 헌법에 의

한 대통령 및 국회의원의 선거 기타 이

헌법시행에 관한 준비는 이 헌법시행 전

에 할 수 있다.

제2조

① 이 헌법에 의한 최초의 대통령선거는

글자 선 따라 볼펜 글씨 쓰기[155]

아래 조문 내용을 흐린 글자 선 따라 볼펜으로 빠르고 바르게 쓰고 나서
빈칸에 다시 한 번 써서 글씨체를 교정해 보세요.

이 헌법시행일 40일 전까지 실시한다.

②이 헌법에 의한 최초의 대통령의 임

기는 이 헌법시행일로부터 개시한다.

제3조

①이 헌법에 의한 최초의 국회의원선거

는 이 헌법공조일로부터 6월 이내에 실

시하며, 이 헌법에 의하여 선출된 최초

의 국회의원의 임기는 국회의원선거 후

이 헌법에 의한 국회의 최초의 집회일

로부터 개시한다.

②이 헌법공포 당시의 국회의원의 임기

는 제1항에 의한 국회의 최초의 집회일

전일까지로 한다.

헌법의 조문

글자 선 따라 볼펜 글씨 쓰기[157]

아래 조문 내용을 흐린 글자 선 따라 볼펜으로 빠르고 바르게 쓰고 나서
빈칸에 다시 한 번 써서 글씨체를 교정해 보세요.

제4조

① 이 헌법시행 당시의 공무원과 정부가

임명한 기업체의 임원은 이 헌법에 의

하여 임명된 것으로 본다.

다만, 이 헌법에 의하여 선임방법이나

임명권자가 변경된 공무원과 대법원장

및 감사원장은 이 헌법에 의하여 후임

자가 선임될 때까지 그 직무를 행하며,

헌법의 조문

글자 선 따라 볼펜 글씨 쓰기[158]

아래 조문 내용을 흐린 글자 선 따라 볼펜으로 빠르고 바르게 쓰고 나서
빈칸에 다시 한 번 써서 글씨체를 교정해 보세요.

이 경우 전임자인 공무원의 임기는 후

임자가 선임되는 전일까지로 한다.

② 이 헌법시행 당시의 대법원장과 대법

원판사가 아닌 법관은 제1항 단서의 규

정에 불구하고 이 헌법에 의하여 임명

된 것으로 본다.

아래 조문 내용을 흐린 글자 선 따라 볼펜으로 빠르고 바르게 쓰고 나서
빈칸에 다시 한 번 써서 글씨체를 교정해 보세요.

③ 이 헌법 중 공무원의 임기 또는 중임

제한에 관한 규정은 이 헌법에 의하여

그 공무원이 최초로 선출 또는 임명된

때로부터 적용한다.

제5조

이 헌법시행 당시의 법령과 조약은 이

헌법에 위배되지 아니하는 한 그 효력

헌법의 조문

글자 선 따라 볼펜 글씨 쓰기[160]

아래 조문 내용을 흐린 글자 선 따라 볼펜으로 빠르고 바르게 쓰고 나서
빈칸에 다시 한 번 써서 글씨체를 교정해 보세요.

을 지속한다.

제6조

이 헌법시행 당시에 이 헌법에 의하여

새로 설치될 기관의 권한에 속하는 직

무를 행하고 있는 기관은 이 헌법에 의

하여 새로운 기관이 설치될 때까지 존

속하며 그 직무를 행한다.